本专著系 2021 年度辽宁省社会科学规划基金教育学项目
"国际视域下的小学足球特色教育研究"研究成果
课题编号：L21BED005
课题主持人：董剑辉

2021 年度辽宁省社会科学规划基金教育学项目

足球文化的多维演绎与五育融合的实践拓展

董剑辉 著

当代世界出版社
THE CONTEMPORARY WORLD PRESS

图书在版编目（CIP）数据

足球文化的多维演绎与五育融合的实践拓展 / 董剑辉著 . —— 北京：当代世界出版社, 2025.3. —— ISBN 978-7-5090-1924-5

Ⅰ . G623.82

中国国家版本馆 CIP 数据核字第 20250JT082 号

书　　名：	足球文化的多维演绎与五育融合的实践拓展
作　　者：	董剑辉
出 品 人：	李双伍
监　　制：	吕　辉
责任编辑：	李丽丽　崔　鑫
出版发行：	当代世界出版社
地　　址：	北京市东城区地安门东大街 70-9 号
邮　　编：	100009
邮　　箱：	ddsjchubanshe@163.com
编务电话：	(010) 83907528
	(010) 83908410 转 804
发行电话：	(010) 83908410 转 812
传　　真：	(010) 83908410 转 806
经　　销：	新华书店
印　　刷：	廊坊市印艺阁数字科技有限公司
开　　本：	710 毫米 ×1000 毫米　1/16
印　　张：	16
字　　数：	203 千字
版　　次：	2025 年 3 月第 1 版
印　　次：	2025 年 3 月第 1 次
书　　号：	ISBN 978-7-5090-1924-5
定　　价：	66.00 元

法律顾问：北京市东卫律师事务所　钱汪龙律师团队　(010) 65542827
版权所有，翻印必究；未经许可，不得转载。

目录

作者序　流淌在血脉中的热爱与执着 …………………… 1

董剑辉个人简介 …………………………………………… 3

东北路小学简介 …………………………………………… 5

东北路小学足球陈列馆简介 ……………………………… 7

第一篇　风鹏正举　扶摇直上

第一章　校园足球访谈辑录……………………………… 3

第二章　小足球大教育…………………………………… 25

第二篇　深耕细研　同行致远

第一章　国际视域下的小学足球特色教育实施内涵与路径………… 47

第二章　新课标背景下小学校园足球特色发展的挑战与应对策略　59

第三章　以校园足球多元价值助推学生身心智全面协调发展解析　71

第四章　探索新时代小学劳动教育的实施策略…………… 77

第五章　校园足球现状的探索、思考与策略……………… 85

第六章　青少年足球人才培养模式的系统建构与实践应用研究 ··· 93

　　第七章　以未来计，从足下始，绘就多彩教育画卷 ················ 103

　　第八章　聚微求真，笃行致远：以高品质科研引领学校内涵式发展　109

第三篇　根于沃土　生生不息

　　第一章　德铸魂 ·· 117

　　第二章　智赋能 ·· 133

　　第三章　体蓄势 ·· 147

　　第四章　美润心 ·· 161

　　第五章　劳砺行 ·· 171

第四篇　以人为本　日新其德

　　第一章　致孩子们：未来可期 ··· 181

　　第二章　与老师们：携手共进 ··· 199

　　第三章　和家长们：同心协力 ··· 219

　　后记 ·· 241

作者序

流淌在血脉中的热爱与执着

岁月沉宁，光彩盈新。回首往昔，投身教育领域已经三十余载。那些与孩子们相处的欢乐时刻，和老师们携手奋进的难忘时光，同家长们交流的点点滴滴，都深深触动着我。做校长的日子，感触尤深。如今著就此书，愿将这诸多经历与感悟分享。

还记得走进东北路小学的那一天，现在我仿佛还能感受到那日阳光的温度，那是我与东北路小学初遇的时刻。彼时，足球于我只是写在稿子里的一个名词，一个符号。然而，几年的时光，犹如一场奇妙的旅程，足球渐渐不再是纸上的文字，它如同温暖的火种，点燃了我内心深处最炽热的情感。

东北路小学的每一天，孩子们都在绿茵场上奔跑与拼搏，他们的汗水挥洒在这片土地上。足球不再是一项运动，它成为我们共同的梦想与追求。这里的每一寸土地都承载着足球的记忆，每一个角落都回荡着孩子们为梦想而呼喊的声音。我深爱着这所学校，因为它赋予了足球鲜活的生命；我深爱着足球，因为它让这所学校充满了无限的可能。这是岁月的沉淀，更是情感的积累。足球已经融入了东北路小学的血脉，也融入了我的灵魂。未来的日子，无论风雨还是阳光，我都将与东北路小学的足球梦想紧紧相拥，不离不弃。因为这里，是梦想起航的地方，是爱与希望的家园。

我时常想：真正热爱生活，是无论身处幸福时光，还是平淡日常，抑或艰难困境，都能保持一份从容与坚定。幸福时不骄不躁，视其为生命的馈赠；平淡中不慌不忙，善于发掘细微美好；困境里不悲不弃，凭借坚韧力量破冰前行。正如古语所言："顺，不妄喜；逆，不惶馁，胸有惊雷而面如平湖者，可拜上将军也。"此句深刻地阐释了面对成功与失败时应有的心态，足球亦然。其魅力不仅在于胜利带来的荣耀，更在于面对挫折时展现的坚韧与不屈。当球队站在巅峰，我们欣喜但不张狂；当球队陷入低谷，我们陪伴且坚定守望，这才是对足球刻骨铭心的深情。

我来到东北路小学，肩负着属于这一代人的使命，那是沉甸甸的接力棒。我不能有丝毫懈怠，一直奋力向前，只为能骄傲地将这接力棒交给下一代建设者，让东北路小学这片沃土充满活力，生生不息。我的经验和见解或许有限，但怀着一颗赤诚之心，不辜负那流淌在血脉中的热爱与执着，努力抒发着对学校教育、校园足球、五育融合的思考与感悟。愿这本书，能将这份热爱与情怀传递给每一位读者，希望正在翻开此书的您能感受到教育的魅力、校园足球的魅力、东北路小学的魅力。

董剑辉个人简介

董剑辉：
中国足协第十二届执委、东北路小学校长、大连市优秀教育工作者

    董剑辉，生于1971年7月，1992年参加工作。从教30余年以来，担任过班主任、少先队辅导员、德育主任、党支部书记等职务，自2006年至今一直担任校长工作。在多年的学校管理工作中，她不断地更新知识储备注重理论指导实践，尤其是到东北路小学工作以来，能够立足学校鲜明的足球特色和丰厚的文化底蕴，持续接力开展好各项工作，积极发挥校园足球中心校的引领和辐射作用，注重总结校园足球实践经验，善于在工作中开拓创新，提出新的思路和见解，在校园足球诸多领域均取得了新的突破。

    作为校长，董剑辉能够围绕不同学校实际情况和不同定位带领班子、教师共同探索实践，用自己独特的教育理念、管理风格和工作思路为学校的创新发展开拓了新局面，取得了可喜的成绩。工作中，她时刻保持良好的精神状态，面对复杂问题迅速反应，在困境中保持良好的心态，守责担责、履责尽责。

    在董校长的带领下，东北路小学构建起以足球为核心的五育融合的教育体系，形成了"以球育德、以球健体、以球促智"的教育氛围。董校长多次在国家、省、市、区体育工作会议、足球工作会议和教育工作会议上做经验介绍，在各级各类足球赛事中接受多家媒体采访，成功诠释了新时代教育工

作者的初心使命和履职担当，赢得社会各界的高度赞誉。此外，她在足球科研、教育研究等方面也取得了非常优异的成果，多篇教育教学论文发表在各级教育刊物中，多项省、市级课题均已结题。另有市级重点课题"中小学劳动教育实施质量的评价标准研究"、省级社会科学类课题"国际视域下的小学足球特色教育研究"已经成功立项。

在"全面育人，扩大足球人口、提高足球竞技水平和切实深化教体融合"的新时代，董剑辉校长有信心站在更高的起点，用新思想、新理论推动校园足球高质量发展，进而为中国足球的发展贡献力量。

东北路小学简介

东北路小学始建于1926年。学校秉持"以美育人"的办学传统，形成了弘扬足球文化、促进学校发展的办学特色。多年来，学校坚持将立德置于首位、以育人作为根本，坚守德育教育主渠道，以足球运动和足球文化作为素质培养的核心，以教育科学研究作为引领先导，以儿童画、小百灵合唱团、小乐团作为艺术教育有效载体，通过丰富多彩的体育艺术活动，以校本课程研发为平台，融合人工智能技术应用和数字赋能等新时代元素，助推学校实现高质量发展。

作为拥有百年办学历史、文化底蕴深厚、体育特色鲜明的足球基地校，学校不仅享有"足球黄埔""足球明星的摇篮"等美誉，更有着从未间断的足球发展历史和足球特色传承。在各级领导关怀、各界人士关注和一代代东北路人的共同努力下，学校为甲级以上足球俱乐部培养人才400余人，为国家队、国奥队、国青队、国少队培养国字号球员百余人。几乎每一届国家男子足球队中，都有来自东北路小学的球员。

东北路小学足球活动有着悠久的历史和光荣的传统。多年来，学校确立了通过足球促进教育，通过教育培育人才，厚植足球根脉，融合五育之美的办学思路。站在新的历史时期，东北路小学贯彻落实习近平总书记特别强调的"青少年校园足球现在开始推广和普及起来，还要久久为功"的重要讲话精神，在中国足球发展振兴的新征程中积极贡献校园力量。十年靠制度，百年靠文化。东北路小学紧紧围绕"以球育德、以球健体、以球促智"的校园足球文化理念，不忘初心、履职担当、践行使命，推动学校办学质量稳步提升，擦亮校园足球金字招牌。丰厚的文化底蕴和教育积淀，促进学校办学质量不断提升。学校先后荣获"国家绿色示范学校""国家经典诵读实验校""国家体育传统项目先进学校""全国写字先进实验校""全国红领巾大队""辽宁省中小学德育工作先进集体""辽宁省课改示范校""辽宁省校园艺术化示范学校""辽宁省信息技术示范校""辽宁省中小学美育特色学校""辽宁省文明校园"等多项荣誉。东北路小学有信心成为中国少年足球的一面旗帜，更成为中国足球的一份希望。

唯有前行，方得始终。

东北路小学足球陈列馆简介

大连，一座闻名遐迩的足球之城。在这里，足球的历史已逾百年，深厚的足球文化底蕴如同一坛陈酿，散发着醇厚的魅力。百余年来，足球早已融入这座城市的血脉，成为大连人生活中不可或缺的一部分，更是这座城市的一张亮丽的名片。从街头巷尾的热情追逐，到专业赛场上的激情呐喊，足球见证了大连的变迁与发展，也为这座城市增添了无数的荣耀与光彩。

而东北路小学，便是大连这座足球城中的特色标识。其足球陈列馆，宛如一部鲜活的历史画卷，徐徐展现着学校足球的发展历程。这里的每一件展品都诉说着大连足球的过往辉煌，每一个故事都承载着大连足球人的梦想与荣耀。这座陈列馆不仅是学校足球发展的忠实见证者，还是大连足球百年辉煌的一个生动缩影。这里更是大连足球文化传承的重要载体，凝聚着大连足球的精神与力量，是大连足球未来发展的希望所在。

走进东北路小学足球陈列馆，仿佛踏入了一条时光的隧道。每一件精心陈列的展品，都在无声地诉说着校园足球的辉煌过往。那些静静陈列着的奖杯、奖牌，闪烁着老、中、青儿代足球人拼搏奋进的光芒。他们穿过的球衣、踢过的足球，承载着无数的梦想与辛勤的汗水。一面面足球展墙，犹如一部部生动鲜活的足球史册。国家队、国奥队的球星代表，国青队、国少队的希望之星，交流到海外的足球骄子，他们的身影在此定格，成为激励后来者不断奋勇向前的强大动力。历届老教练的历史墙，记录着他们的辛勤耕耘与智慧传承。学校球队的梯队建设、在高水平足球赛事中所取得的卓越成绩、各界领导关切的目光，共同见证了东北路小学校园足球的蓬勃发展历程。

　　这座足球陈列馆，不仅仅是一座普通的展馆，更是东北路小学足球历史的见证，是学校足球未来发展的动力源泉，是东北路小学足球精神的温馨家园。每一次驻足凝视，都能深切感受到那份炽热的足球情怀，它如同一股暖流，温暖着每一个热爱足球的心灵。在这里，过去与现在交织，梦想与荣耀辉映，激励着一代又一代的东北路学子在足球的道路上勇往直前。

第一篇

风鹏正举　扶摇直上

读者朋友们，当您翻开这本书的第一部分，即将走进的是丰富多彩的校园足球世界。足球，这一魅力无限的运动，跨越了地域和文化的界限，将无数热爱它的人们紧密相连。在东北路小学，校园足球已然走过了70年的光辉岁月。我们积极探索创新，形成了独具特色的校园足球"1251人才培养模式"，为足球人才的茁壮成长提供了肥沃的土壤。

值得一提的是，我校申报的省级社科类课题"国际视域下的小学足球特色教育研究"一直在稳步推进。在这个过程中，国际中体联足球世界杯考察团的成员莅临我校，为我们的课题研究注入了新的活力。我们的学生还参与了国际足球世界杯的精彩表演，展现了我校足球教育的成果。回想过去，我校曾多次与外国球队进行比赛交流，从中学到了许多宝贵的经验。我们始终放眼国际，不断借鉴国际先进的足球教育理念和方法。接下来，让我们一同深入探寻校园足球的奋进足迹，感受它的独特魅力与辉煌历程。

第一章

校园足球访谈辑录

一、中国教育电视台《体谈》栏目深度对话（整理）

作为东北路小学校长和中国足协第十二届执委，我参加了中国教育电视台的《体谈》栏目，在与主持人陈慧的对话中，我与大家分享了在学校足球教育工作中的一些实践感悟，也尝试着阐述了这些年对中国足球未来发展方向的一些观察和思考，此篇文章在原始访谈基础上，结合后续实践与思考进行了补充完善，以期借此引发您对足球育人功能的关注与思索，共同探索中国足球的发展路径。

1. 东北路小学悠久历史的发展过程是怎样的？

东北路小学始建于 1926 年，1946 年收归国有，1961 年定名为东北路小学。学校是一所拥有近百年办学历史、足球文化底蕴深厚、足球特色鲜明的对外开放窗口学校。

在近百年的发展历程中，学校秉承"尊重差异、崇尚个性、发展潜能、培养特长"的办学思路，注重学生的全面发展，为学生提供了非常广阔的发展空间，让一代又一代东北路学子在这片沃土上茁壮成长。

其中，足球活动和足球文化一直是学校最突出的特色。中央电视台体育频道《足球之夜》栏目组，曾以"走进'东北路'"为题，专题报道了我校校园足球的发展历程，这既是对东北路小学足球特色项目的高度认可，更是对学校未来足球发展的殷切希望。

近两年，东北路小学在足球竞赛和足球文化建设等方面又取得了新的突破，荣获"市长杯"四连冠、荣获全国第七届"玛丽莱杯"冠军、荣获中国足协第二十四届"贝贝杯"冠军、代表大连市参加全国重点城市比赛夺得男子 U10 和 U11 两个亚军等。同时，我们在足球科研建设方面也取得了非常优异的成果，省级社科类课题"国际视域下的小学足球特色教育研究"成功立项。实现了科研项目引领，深化教体融合，特色兴校强校。

优异的成果是大连市沙河口区的教育工作者不忘初心、履职担当的生动诠释。在"全面育人，扩大足球人口、提高足球竞技水平和切实深化教体融合"的新时代，东北路小学不仅要把校园足球特色文化传承好，更要立足新时代有所发展。

贯彻落实习近平总书记特别强调的"青少年校园足球现在开始推广和普及起来，还要久久为功"的讲话。我们有信心和全国校园足球特色学校共同探索，努力成为中国少年足球的旗帜，努力成为中国足球的希望。

2. 学校坚持发展青少年足球并获取不俗的成绩，为国家的足球事业培养那么多优秀的足球人才，您觉得学校的立校之本是什么？

十年靠制度，百年靠文化。

"以球育人，全面发展""健康第一，体教融合""培足球之根，融五育之美"是东北路小学的办学思路和立校之本，体现了学校将足球教育与德智体美劳全面发展相融合的教育理念。足球不仅是一项体育运动，更是一种教育手段。学校以足球为媒介，促进学生的全面发展。在足球特色的引领下，学校小百灵合唱团、啦啦操、人工智能、小篮球精英赛、民乐队、跳绳队等社团组织蓬勃发展起来,文化氛围浓厚。学校将足球文化与学科教育相结合,坚持"以球育德、以球健体、以球促智",做到普及与提高相结合,让更多的孩子不仅在足球活动中培养健康的体魄,培养顽强拼搏、团结协作、乐观自信等良好的意志品质,更培养他们集体主义、爱国主义的家国情怀。

3. 多年来,大连东北路小学是如何发展成为中国足球名校的?

学校的发展离不开大连市体育局、大连市教育局、市足协、沙河口区委区政府、区教育局等各级领导的高度重视,也离不开一代又一代东北路人的共同努力和坚持。立足一点,深挖下去,必有清泉涌出。

自 1954 年起,东北路小学就开始开展足球运动,后来将足球纳入教学课程,这为学校的足球发展奠定了基础。1987 年柳忠云总教练带领教练员团队来到东北路小学,近 40 年扎根学校足球训练,坚持一点、立足一点,深挖下去,跟队伍发现好苗子并因材施教,培养了一大批足球后备人才。多年来,我们着力打造足球特色品牌,紧扣育人目标,着力培育"三意识两精神"。"三意识"即竞技中的求胜意识、团队里的协作意识、赛场上的规则意识;"两精神"是遇强愈勇、逆风敢战的无畏精神和永不止步、向光而行的超越精神,以此凝练出东北路小学"健康参与、合作拼搏、昂扬奋进"的足球精神。值得欣慰的是,全国越来越多的和东北路小学一样的足球特色学校蓬勃发展,这就是中国足球的希望。

4. 这么多年来东北路小学培养出来的国脚及为国家队作贡献的职业球员的人数有多少?

校园足球在东北路小学有着悠久的历史。多年来,学校为甲级以上足球俱乐部培养人才 400 余人,为国家队、国奥队、国青队、国少队培养国字号球员百余人。获得国际儿童赛冠军一次,国内冠军几十次之多。很多中国足球顶级球员都从我校走出,很长一段时间,几乎每一届国家男子足球队都有来自东北路小学的球员。

校园足球助力中国足球的重点在后备人才的培养上。校园足球是实现中国足球愿景的基础，校园足球就是要让千千万万的孩子在拼搏、努力、汗水和荣誉中喜欢上足球、热爱足球，夯实足球人口，这样才能选拔出更多有潜力、有实力、有担当、有格局、有品德的足球后备人才。

5. 东北路小学是如何培养高水平运动员的呢？

足球是体力与智力高度结合的运动，需要极高的智商与情商，是谓"球商"；需要深刻透彻的思维方式；足球的战略与战术精妙多变，需要有非常专业的研究。足球需要教育的支撑，也是教育的重要手段。

高水平足球运动员在球场上的思维能力非常重要，优秀的球员得有思维能力，才能快速解决场上的问题，控制比赛的局面。长沙"玛丽莱杯"决赛，小队员们从先失球到补时三分钟扳平比分，再到点球大战夺冠，门将、团队、足球思维协同发力。

这种思维能力得孩子们自己在学习和训练中去摸索，去领悟和运用。这才是足球让孩子们终身受益的东西，也是读书对踢球作用很大的有力证明。一旦有了这种"足球思维"，文化学习也会如虎添翼。

我赞同"读书与足球互益"的观点，更深信校园对中国足球意义非凡。全国那么多的校园里，真的有不少好球员，只是我们的培育方法和教练水平还有限。和职业俱乐部梯队相比，尽管培养目标、训练模式各异，但校园足球也有自身的特点和优点。比如队员随着文化素养的不断提高，未来的选择余地会更大。

6. 您觉得青少年足球发展对于一个国家的重要性是什么？

体育是最好的教育方式之一。体育教会孩子在规则下如何去赢，也教会孩子如何体面地去面对输。当身体达到运动的极限，情感也会升华到一定的高度。这种体育精神和足球精神，也是一个国家、一个民族在复兴道路上所必备的精神要素之一。我们坚信，生命的价值不在于成功的那一刻，而在于为成功奋斗的历程中。不惧困难与挑战，拼搏前行，集体主义、家国情怀自然而然扎根于孩子们的心中。

校园足球让孩子们心中有理想、有目标、有追求，强健体魄，锤炼意志，热爱生命，塑造品格，弘扬精神。我们需要这样一种精神，让每一个人越来越优秀，让国家越来越强大。

7. 学校是如何培养青少年足球运动员学生的？您觉得对于青少年来说，从什么时候开始接触足球比较好？

在培养青少年足球运动员方面，我们有一套较为系统的做法。首先是专业训练，根据不同年龄段孩子的身体特点和发展状况，制定科学合理的训练计划，帮助孩子们扎实地掌握足球基本技能。

东北路小学一直保持 8 支训练梯队，其中有 6 支年龄组梯队、1 支守门员队伍和 1 支女足梯队，每个年龄组的队伍人数在 20 人左右。坚持每天进行全员足球素质训练，校队月累计训练 40 多小时，全年休息不超过 10 天；坚持 20 几年利用寒假赴南方进行约 40 天的冬训；小球员全年训练时间在 300 天以上。东北路小学的教练员实行轮转制，即每个教练在每支球队执教一年，其目的是能让小球员们去适应不同的足球风格，为将来的发展打下坚实的基础。

同时，我们也深知兴趣是最好的老师，所以会通过多样化的趣味活动和游戏，让孩子们在玩耍中感受足球的魅力，保持对足球的热情。个性化指导也不可或缺。每个孩子都有自己独特的天赋和短板，我们的教练会细心观察，为他们提供有针对性的辅导，让每个孩子都能在自己擅长的领域发挥优势，在不足的地方得到提升。团队合作精神的培养更是关键。足球是一项团队运动,孩子们在日常训练和比赛中学会与队友沟通协作、相互信任、相互支持,这对他们的性格塑造和社交能力发展都有着重要意义。此外,良好的学习环境支持也很重要,我们努力为孩子们营造积极向上、充满鼓励的氛围,让他们在足球训练的同时,也不放松学业。

我们积极鼓励孩子们参与各类比赛和赛事,球员们全年人均比赛30场以上。比赛让他们在实战中积累经验、锻炼心理素质、提升竞技水平。学校引导他们养成良好的运动习惯,这不仅有助于他们在足球之路上稳步发展,更是为他们未来的生活增添活力与韧性,让他们带着从足球中收获的健康体魄、积极心态和团队精神,更好地去迎接人生的各种境遇,实现自己的多元价值。

青少年接触足球的最佳时机因人而异,从普遍情况来讲,5至13岁是孩子开始接触和学习足球的黄金阶段。就拿我们大连市沙河口区来说,我们特别注重幼儿园与小学阶段的衔接,从幼儿园时期就着重培养孩子对足球的兴趣爱好,让孩子们从小就对足球产生亲近感和喜爱之情。

8. 足球文化对于青少年的意义及作用有哪些?

足球文化于青少年是活力的释放,是梦想的启蒙。在球场上,孩子们尽情奔跑,挥洒汗水,释放着学业的压力,收获着健康的体魄。团队协作中,他们学着传球配合,为队友创造机会,领悟着集体力量的强大,也懂得了包容与默契的重要。每一次摔倒后爬起继续追球,每一次输球后的不甘与坚持,都在磨砺着他们的意志,让他们懂得挫折不过是成长的垫脚石。

在这一方绿茵场上,不同背景的孩子因足球相聚,学会尊重对手、尊重裁判,收获纯真的友谊。足球,实实在在地为青少年编织着五彩斑斓的青春,为他们的人生嵌入了勇敢、坚韧与团结协作的美好品质。

足球文化带给孩子们的,是在奔跑和追逐间身体越来越棒,更是在每一次输赢过后内心愈加坚强。当比赛输了，他们学会擦干眼泪，互相鼓励，和队友一起商量战术，琢磨下次怎么踢得更好，这就是沟通与协作的开始。足球文化带着一股劲儿，能把孩子心底的热情点燃，让梦想的种子发芽。在球场上，孩子们展现的是勇气和拼搏，是思维和应变，是不分你我的默契配合，是进球后的欢呼雀跃，是输球后的相互打气。足球离不开好的引导，球员和教练的本事，是在充满热爱的足球氛围里慢慢培养出来的。足球文化对青少年的影响，是潜移默化且深刻的。这一切的成长，依赖于良好环境的熏陶，正如适宜的气候和土壤助力幼苗成长，积极的足球氛围能够培育孩子的足球素养。

足球文化是一种勇士风范，是一种智慧碰撞，是一种平等交流，是一种快乐分享，是一种团结精神。足球需要教育的支撑。球员和教练员的球商，是在良好的足球环境中熏陶出来的，是从少儿时代开始所受的一系列教育使然。教育是一切事业的基础，当然也是足球事业的基础。建设全社会健康的足球文化，让一拨儿又一拨儿具有天赋的孩子真正成长起来，是我们这一代人的使命。

9. 您觉得在小学体育教育阶段，体教融合的必要性和发力点在哪里？

体教融合是新时代解决青少年体育短板的重要举措，为我国青少年体育发展指明了方向；体教融合是一所学校贯彻国家教育方针的重要方式，也是衡量一所学校综合办学实力的重要指标。新时代体教融合的价值在于实现学校体育与竞技体育后备人才高质量发展。一是实现学校体育高质量发展。学校体育关乎青少年健康成长，"健康第一"是学校体育的根本理念，体教融合是新时代学校体育的工作思路和目标导向。二是实现竞技体育后备人才培养高质量发展，竞技体育后备人才培养是保障我国竞技体育健康可持续发展的根本基础之一。

体教融合可以初步理解为将人的全面发展作为竞技体育的出发点和落脚点，其发力点在于学校、课程、教师、设施设备、课外活动和家庭教育等多个方面的共同努力，使学生得到全面的体育锻炼，培养积极向上的人生态度。比如，我们学校的篮球队校队的第一要求就是文化学习要好。小篮球精英赛循环赛时，学校的体育馆、小操场、大操场，学生和老师积极主动观赛，自觉排好位置，文明观赛，这才是体育的作用、文化的力量。

10. 从家长层面来说的话，并不是每个家长都了解足球的，如何让家长认识足球并且鼓励自己的孩子参与这项运动？

家长的支持和理解对于孩子参与足球活动至关重要。家长对于孩子参与体育特别是足球运动的态度历来复杂，许多家长担心体育会影响孩子的学业成绩。随着教育理念的进步和改革，越来越多的证据显示体育特别是足球对于孩子的成长有着不可替代的作用。家长对足球认识的改变，对中国足球的发展有着积极的作用。一个支持孩子并积极参与足球运动的家庭环境，不仅能够提高孩子对足球的兴趣，更能够增强孩子的自信心。

我们学校一直通过家长会、体育节、家长开放日等活动，搭建家校沟通的桥梁，让家长们能够深入校园，了解我们的足球教育理念和实践成果，进而积极参与到孩子的足球活动中来，一同营造积极向上的足球文化氛围。

事实上，足球的意义不止于运动本身，它还成为连接家庭与学校、家庭与社会的坚固纽带。就像我们学校的老一代教练们回忆，当年尽管训练条件异常艰苦，但家长们始终与孩子、教练站在一起，同甘共苦，共同为孩子的足球梦想拼搏。如今，这样的精神依然在延续，我们球队的家长们同样克服了诸多困难，无论是寒冬腊月的训练陪伴，还是四处奔波随队观赛，抑或是及时为孩子疏导心理问题，都做得尽心尽力。

从家长层面来说，让家长认识足球并鼓励孩子参与，关键在于几个方面。

首先，要重视努力的过程而非仅仅关注结果。孩子们在训练和比赛中的付出与成长，远比一场比赛的胜负更值得关注，因为努力本身就是一种收获。其次，家长要学会倾听和理解，耐心聆听孩子在足球训练和比赛中的点滴经历，感受他们的喜怒哀乐，让孩子知道自己被理解和支持；还应给予孩子更多的参与感和实际支持，比如和孩子一起探讨足球技巧和战术，甚至亲身参与一些足球活动，这不仅能增进亲子关系，还能让孩子感受到家人对他们爱好的尊重和认可。再者，家长也要重视孩子的心理健康，要教会他们如何坦然面对失败与挫折，把每一次困难都当作成长的机会。最后，家长要设置合理的期望，避免给孩子过大的压力，让孩子在宽松、积极的环境中享受足球带来的快乐，在足球场上和生活中都能茁壮成长，这也是我们作为教育者所期望看到的。

11. 作为校长，同时也是中国足协执委您是如何看待中国青少年足球培养事业的？

能够当选中国足协第十二届执委，我深感责任之重、使命之大。在我眼中，青少年足球培养是中国足球事业的根基与希望所在。近些年来，足球运动在国内的热度持续攀升，越来越多的孩子满怀热情地奔向足球场，这是令人欣喜的景象。足球对于青少年的意义是非凡的，它在强健体魄的同时，更是塑造着孩子们的团队协作能力、竞争意识以及坚韧不拔的毅力，这些品质会伴随他们一生，成为宝贵的精神财富。

对于青少年足球培养，我们始终坚守"普及是方向，育人是根本"的理念。当下，我们着重在几个关键处发力：一是加大资源投入，持续优化足球场地设施条件，为孩子们打造更优质的足球运动环境；二是着力提升教练团队的专业能力与素养，因为教练的水平直接关乎孩子的成长质量；三是强化对家长的宣传引导工作，让家长深刻认识到足球对孩子身心发展的积极意义，进而给予孩子充分的支持与鼓励。此外，校园足球、青训、俱乐部、职业队要共同发力，持续接力，才能建立有潜力、有实力、有品德、有格局的中国足球后备人才库。

我们衷心期望，足球能在更多孩子的成长中留下深刻印记，成为他们生活的一部分。相信通过全社会携手努力，中国青少年足球培养事业必将扎实迈进，培育出一代又一代热爱足球且全面发展的优秀青少年，为中国足球事业的长远发展筑牢坚实基础，让中国足球在未来绽放光彩。

12. 您觉得体育项目中的个人项目与集体项目有什么区别？这种区别对青少年的成长来说有何影响？

个人项目和集体项目其实各有独特价值，对青少年成长的影响都不容忽视。个人项目像一场自我的挑战之旅。孩子独自面对各种状况，凭借自身的努力和毅力去攻克难关、追求卓越。这无疑极大地锻炼了他们独立解决问题的能力，使其学会深度思考、自我驱动，不断突破自身极限，进而塑造出坚韧不拔的品质和强大的内心世界，培养独立自信的人格特质。集体项目，大家为了共同目标汇聚一处，彼此扶持、相互鼓励。胜利时共同欢庆，失败时相互慰藉，一同承担。在这当中，他们能懂得怎样与队友配合，怎样和别人沟通，相互之间的信任和默契也就慢慢有了。这种团队意识和社交能力的培养，是集体项目赋予的宝贵财富。

在学校的体育活动里，集体项目较为常见，孩子们投身其中，内心感受丰富多样。像球类、拔河、跳长绳等，孩子们从中收获的不只是专项技能的提升，更关键的是在人格塑造、情感交流、合作协调、社会交往以及保持独立个性等多个维度实现综合性发展，为他们日后步入社会、应对各种复杂情境筑牢坚实基础。

13. 足球运动是一项需要长期坚持和付出的事业，如何激发青少年对足球运动的热爱？

足球运动的确是一项需要长期坚守和不懈付出的事业，而激发青少年对其的热爱是我们努力的关键方向。

首先，在吸引青少年参与足球运动上，要从多个维度协同发力。加大足球文化的宣传推广力度，通过丰富多样的媒介形式，讲述足球故事、传播足球精神，让青少年感受到足球的独特魅力；全力提供优质的足球教育资源，包括专业教练的配备、科学训练体系的构建等，确保孩子们能得到高水平的足球指导；积极举办各类青少年足球赛事，从校内联赛到地区性比赛，让他们在竞争中体验足球的激情与荣耀；扎实推进校园足球发展，让足球成为校园文化的一部分，让孩子们在日常学习生活中就能轻松接触足球运动，从而全方位营造良好的足球氛围。通过这些举措，逐步引导更多青少年了解足球、喜爱足球，进而主动投身到足球运动中。

其次，激发孩子的潜能，唤醒他们内心对足球的热情，是一个循序渐进且需要精心呵护的过程。一开始，不少孩子纯粹因为觉得踢球有趣，便自发地在球场上尽情奔跑、全力表现，无须外界过多的督促。但随着参与程度加深，比赛胜负压力等因素可能会使他们最初的那份简单快乐受到影响。这时，我们更要关注孩子在足球运动中的多元需求。要保障他们在安全的环境下踢球，让家长放心、孩子安心；不断设计新颖的训练内容和比赛形式，满足他们对新体验的渴望；及时对孩子的每一点进步和出色表现，给予充分的认可，增强他们的自信心和成就感；鼓励孩子在球队中承担责任，培养责任感和团队意识；巧妙地将游戏元素融入训练，让足球充满乐趣；组织丰富的社交活动，促进孩子间的交流，使他们在足球运动中拓展人际关系；合理安排训练，让孩子尽情享受跑动的自由与畅快；引导孩子专注于当下每一次触球、每一场比赛，培养良好的心态；教练和家长要努力成为孩子的知心朋友，理解他们的想法和感受，给予温暖的支持。

14. 为什么说青训对于中国足球很重要？

青训是中国足球崛起的基石，是实现中国足球梦想的关键。我们现在得转变一个观念，不管是青训还是校园足球，不能只盯着眼前的成绩，得把重心移到人才培养上。

就拿U系列梯队来说，这是保障足球人才源源不断的关键一环。通过系统、科学的训练，让不同年龄段的孩子都能得到合适的发展，确保足球人才不出现断层。我们要建立一套完整的人才培养体系，从基础的足球兴趣培养开始，逐步筛选有潜力的孩子，再通过专业的训练提升他们的技能和战术素养。同时，要注重实战经验的积累。让孩子们多参加高质量的比赛，在比赛中发现问题、解决问题，这样才能真正成长。而且，我们也要加强对教练的培养，只有专业的教练才能带出优秀的球员。

青训工作需要我们实实在在地去做每一件事，从细节入手，从基础抓起，这样才能为中国足球的未来奠定坚实的基础。路虽远，行则将至。中国足球的长征路，我们将坚持久久为功和只争朝夕相结合。我们坚信，只要持续稳步地推进这些扎实的工作，中国足球定能在青训的助力下，逐步走向新的高度。

15. 足球生面对学习的压力通常是如何应对的？另外，对于平时训练、比赛和学习之间的统筹具体又该怎么做？还有，学校足球生分布在各个班级，在这种情况下，学校是如何保障他们的学习的？再者，社会压力，诸如期望过高、评价标准单一、舆论压力和激烈竞争等，势必给孩子、家长、教练员和学校管理者带来一定影响，学校又是如何应对的？在避免12岁退役这一问题上，学校有哪些考量？

足球生面对学习压力，主要通过统筹安排来应对，需要保证文化学习和足球训练协调发展，这离不开老师、家长和孩子的共同努力。学校足球生分布在每个班级，足球精神也随之弥散到各班级。老师对足球生耐心辅导，冬训期间也尽量安排老师随队，保障孩子们在训练的同时能进行学习。面对社会压力，我们加强心理健康教育，建立良好的沟通机制，采用多元化的评价标准，并提供支持和帮助，以提高足球生自身的素质和应对压力的能力。避免12岁退役，需要重视青少年足球人才全面发展，建立科学训练和赛事体系，提高教练员水平，加强家庭、学校和社会的支持，建立保障机制，为青少年提供更好的成长环境和发展机会。校园足球是基础和根本，只有众多孩子真正热爱足球，足球人口基数大幅增加，我们才能逐层选拔出各层次足球运动队的好苗子，最终组建起强大的国家队。

16. 如何建立青少年足球更加完善的训练体系呢？

在发展成为足球强国的过程中，我们要有符合足球运动发展规律、紧跟世界先进理念、符合我国国情的青少年足球训练体系。完整的足球人才培养体系，从纵向来说，应该是少年到青年各个阶段紧密相连；从横向来说，应该是校园足球、青训、社会足球、职业足球衔接贯通。建立青少年足球更加完善的训练体系需要从多个方面入手，提高青少年足球的普及程度和水平，制订科学的训练计划，注重基础训练和个性化训练，加强实战训练和评估机制，提高教练员水平，加强校园足球和青训的融合，建立高水平青少年足球赛事体系，为青少年提供更多的足球训练机会和资源。

足球基础训练是足球运动员成长和发展的基础，也是球员提高技术水平、增强身体素质、培养战术意识、增强团队合作精神和提高自信心的关键。不能走职业的青少年也是有足球特长的社会精英人才，更是全面发展的人。青训的作用是培养综合素质更强的人，是足球特长、学业水平和人格、品德协调发展的时代新人。

17. 您觉得如何提高我们的青训质量？

科学的训练计划是根基。我们依据不同年龄段孩子的身心特点，定制专属的训练方案。对低年龄段的孩子，多采用趣味性强的游戏式训练，激发他们对足球的热爱；对年龄稍大的孩子，则逐步增加训练强度和专项训练内容，让他们更系统地提升能力。

训练设施的完善也非常重要。优质的场地和先进的器材，能为孩子们提供更好的训练条件，帮助孩子们更好地投入训练。体能训练是基础保障。每周要安排专门的体能课程，通过有氧耐力训练和力量训练，提升孩子们的身体素质，让他们在球场上有足够的体能去应对比赛。心理素质训练同样不可或缺。足球比赛充满变数，孩子们需要具备强大的心理素质，才能在压力下正常发挥。我们可以通过定期的心理辅导，以及模拟比赛中的高压场景，来提高他们的心理素质。青训体系的建设也不容忽视。要建立一套从基层选拔到精英培养的完整体系，各个环节紧密相连，让有潜力的孩子都能得到发掘和培养。同时，加强青训与校园足球的融合，让足球在校园中更普及，也为青训提供更广泛的选材基础。国际交流也是提升青训质量的重要途径。通过与国外优秀的青训队伍比赛和交流，学习他们先进的理念和方法，能让我们少走弯路。

在这些基础之上，技战术水平的提升就是青训的核心目标了。在技术训练上，教练要把复杂的足球技术动作拆解细化，让孩子们从基础练起，通过大量有球练习和对抗训练，提高技术的熟练度和运用能力。战术意识培养方面，从简单的进攻、防守战术概念教起，随着孩子们的成长，逐步引入更复杂的战术体系，通过实战演练，让他们理解团队协作的重要性，学会在比赛中灵活运用战术，提高青训质量，为中国足球培养出更多优秀的后备人才。

18. 我们国家的足球如何更好地融入国际足球这个大家庭？

足球，是一项全球性的运动，我们渴望更好地融入国际足球的大家庭，与世界各国共享足球的魅力与激情。为此我们需要加强青少年足球培训、加强与国际足球组织的交流、加强足球文化建设和足球基础设施建设等，提高中国足球的水平和世界影响力。

中国足球的未来充满了挑战，我们要走过一段长征路。希望在不久的将来，中国足球在世界足球舞台上有所作为。而这一切，都需要从现在开始，从校园足球做起，从青训做起，从每一个有梦想、有担当的青少年做起。全社会共同努力，为中国足球的发展贡献力量。

19. 中国青少年足球的未来规划是什么？

中国青少年足球未来的规划，是一幅充满希望与挑战的蓝图。目前，中国足协已推出一系列全面且系统的青少年足球发展计划，为中国足球的发展筑牢根基。

在普及工作上，足协持续加大力度，让足球运动深入校园与社区，激发更多青少年对足球的兴趣，扩大足球人口规模。在后备人才培养体系方面，不断探索创新，挖掘和培育有潜力的年轻球员。在训练领域，全力推进一体化建设，整合优质资源，为青少年打造连贯、科学的训练体系。竞赛体系也在进一步优化，整合各方资源，精心设计赛制，为青少年球员提供更多高质量的比赛平台，助力他们在实战中成长。另外，足协还着重加强足球专业人才的培养，为青少年足球发展提供坚实的人才保障。

随着这些计划逐步落地实施，中国青少年足球发展将稳步向前，为中国足球带来新的生机与活力。

中国足球一直在努力前行。虽然任重道远，但我们坚信，中国足球一定会得到更大的发展，也必将为世界足球运动作出我们的贡献，不辜负习近平总书记对中国足球的殷切期望。在这个充满希望的时代，让我们一起为中国足球加油，为中国青少年的未来加油！

二、根于沃土、生生不息：让足球之花在校园绚丽绽放（在大连市足球振兴发展工作会议上的发言）

校园足球是未来实现中国足球愿景的基础。推进校园足球更是建设体育强国的必然选择。

1. 科研引领、体教融合，为打造校园足球亮丽名片引航定向

多年的办学实践让我们越发体会到，只有把校园足球深度融入办学治校的各个环节，才能营造良好的教育生态，涵养师生积极向上的精神气质，才能有效集蓄校园足球发展的动能。我们注重科研项目牵引，"国际视域下的小学足球特色教育研究"作为辽宁省社科类课题成功立项，通过深入研究推动，我校不仅培养造就了更多体育锻炼和文化学习协调发展的时代新人，更切实走出了一条以足球打造特色品牌的高质量发展之路。我们在做强做大校园足球这个"分母"的基础上，积极参加、组织各类足球竞赛和比赛，吸引更多的孩子喜欢上足球、热爱足球，让孩子们从足球中找到兴趣点、找到激情处，加强系统性培训，从而锻造他们的使命担当、锤炼他们的意志品质，并通过层层选拔，完善后备人才队伍建设，为未来中国足球发展做好人才储备。

2. 经年逐梦，品牌铸就，为加快推进青少年绿茵工程点燃激情

始终如一的足球特色传承是推进东北路小学校园足球发展的精神谱系。我校的足球历史可追溯到1954年，至今已整整70年，发展的历程从未间断。20世纪80年代，专业教练团队进驻校园，柳忠云总教练带领教练组成员扎根东北路小学近40年，使校园足球的普及与提高得到了有机融合和快速发展。近几年，作为全国校园足球布局中心校、大连市校园足球中心校，我们积极发挥引领辐射作用，建立了沙河口区校园足球联盟，多次承办区、市各类足球竞赛，特别是连续承办了两届"东北路小学杯"国际青少年足球精英赛，达到了很好的示范带动效果。很多优秀的足球苗子在这里成长，有足球天赋的球员在这里发现，足球人才在这里储备，足球魅力在这里展现，为加快推进青少年绿茵工程贡献了校园力量。

3. 健全机制，培育精神，为凝铸校园足球文化氛围积蓄动能

科学的体制机制是确保校园足球健康有序发展的根本保证。在校园足球发展历程中，我们确立了"符合足球运动发展规律、紧跟世界先进理念、适应我国国情"的青少年足球工作思路，制订了基础性和个性化相结合的训练计划，不断加强实战演练、完善评估机制，不仅提高了教练员的整体水平，做到了校园足球与青训的有机融合，更通过青少年足球赛事争取到了更多的足球训练契机和资源。同时，我们注重校园足球人才梯队建设，学校常年保持8支训练梯队，其中有6支年龄组梯队、1支守门员队伍和1支女足梯队，每个梯队人数都在20人左右。球员全年人均比赛都在30场以上，培养造就了一大批有潜质的青少年足球人才。十年靠制度，百年靠文化。我们通过校园足球文化的培育，让孩子们心中有理想、有目标、有追求，更通过足球活动实现强健体魄、锤炼意志、热爱生命、塑造品格、弘扬精神的更高价值追求。

今后，我们将紧紧围绕"以球育德、以球健体、以球促智"的校园足球理念，持续加强系统性设计和一体化推进，不断夯实校园足球的教学体系、训练体系、竞赛体系和支撑体系，让千千万万的孩子在拼搏、努力、汗水和荣誉中喜欢上足球、热爱足球，从事足球事业。我们以"全面育人，扩大足球人口、提高足球竞技水平和切实深化体教融合"为历史重任，不忘初心、履职担当、践行使命，贯彻落实习近平总书记特别强调的"青少年校园足球现在开始推广和普及起来，还要久久为功"的重要讲话精神，以更加诚恳的态度、更加积极的心态、更加扎实的作风做好校园足球各项工作，和全市各级各类学校共同探索，努力成为中国少年足球的一面旗帜，更努力成为中国足球的一份希望。足球之种已然发芽，美丽的足球之花必将在大连校园绚丽绽放！

三、全国第七届"玛丽莱杯"青少年足球精英赛现场采访

大连东北路小将共14名球员出战第七届"玛丽莱杯"青少年足球精英赛并获得了总冠军，取得了非凡的成绩。这一周的比赛，球员们通过跟兄弟学校的小球员们共同切磋球技，提高了足球的技战术水平，也通过比赛真实地感受到了现场永不言败、永不放弃、顽强拼搏、团结协作的体育精神，这是非常难能可贵的，更加感受到了这种集体主义、爱国主义的情感和力量。

无论是我们的教练员、运动员，还是学校的管理者，都从中吸取到了很多的宝贵经验。我们感受到新时代背景下，校园足球活动是一个要长期坚持、不断深入、久久为功的发展过程。在这个过程当中，我们必须不忘初心、履职担当，要肩负起校园足球全面育人、扩大足球人口、提高足球竞技水平、深化体教融合的历史使命，我们要培养更多的体育运动和文化学习协调发展的时代新人，我们也将以此实现校园足球"以球育德、以球健体、以球促智"的育人成效。今后，我们将以更加诚恳的态度、更加积极的心态、更加扎实的作风，坚持不懈地开展好校园足球的各项工作，让更多的孩子喜欢上足球、走上足球场，相信中国足球的未来必将更加美好。

四、全国第七届"玛丽莱杯"青少年足球精英赛赛后讲话

足球作为世界第一大运动，魅力非凡，其兼具的确定性与不确定性，让全球数亿人沉浸其中、欢呼雀跃、痴迷不已。

此次第七届"玛丽莱杯"青少年足球精英赛，对我而言十分特殊，这是我到东北路小学后，首次亲赴现场观摩这般高规格的赛事。比赛伊始，我们上半场先失一球，然而小球员们毫不气馁，顶着巨大的心理压力，在赛场上顽强拼搏、默契配合。漫长的常规时间里，大家坚守防线、伺机反攻，终于在补时第3分钟时，成功扳平比分！紧接着的点球大战，队员们稳住心态、果敢发力，一举赢得比赛胜利。

赛后，大家毫无懈怠，即刻踏上返程路，一路舟车劳顿，悄无声息却满怀荣耀，手捧冠军奖杯凯旋。彼时，心中涌动的感动与自豪难以言表，这份胜利的荣光属于每一个为之付出的人。

每一场比赛，大家都付出了太多太多。记得出发的那一天，我们的主教练带领着一群肤色黝黑的东北路小球员登上飞机之时，大家或许未曾料到会有如今这般出色的成绩，但这结果的确令人欣喜万分。

观看了此次比赛，我有两句话送给你们。其一，在足球比赛中，我们务必尊重比赛、尊重规则、尊重对手。其二，通过足球比赛，让我们再一次相信努力、相信实力、相信奇迹。今后，许多孩子将要升入中学，也有部分小队员即将升入六年级。未来，你们将踏遍千山万水，身披战袍，征战无数场赛事。但请你们铭记，东北路小学的老师们会永远关注着你们，永远为你们送上祝福。也请你们牢记，无论你们走到哪里，无论取得何种成绩，归来之时，你们仍拥有共同的名字——东北路的好孩子。

足球之路，道阻且长。愿你们在未来的征程中，始终怀揣着对足球的热爱与执着，无论面对怎样的挑战与困难，都能凭借坚韧不拔的毅力和勇往直前的勇气去拼搏、去奋斗。愿你们的足球梦想如同璀璨星辰，在广阔的天空中闪耀光芒。相信你们在足球的世界里，定能创造更多的辉煌，为东北路小学增添更多的荣耀。

五、"东北路小学杯"国际青少年足球精英赛现场采访

校园足球始终是东北路小学一张亮丽的特色名片。多年以来，一代又一代学校的建设者已将足球活动升华成学校独特且深入人心的特色文化。学校始终坚定不移地秉持体教融合的理念，以足球切入，将育人置于首位，力求达到全员参与，这一独特的品牌特色正日益清晰、逐渐成形。

校园足球已然成为每一位东北路人内心深处的真挚情怀，深深地影响着、激励着、浸润着一代又一代东北路的学子。本次通过隆重举办"东北路小学杯"国际青少年足球精英赛，我们希望能够大力弘扬足球所蕴含的健康向上、机智果断、顽强拼搏、团结合作以及相互友爱的足球精神和体育精神。这正是每一个处于成长过程中的青少年亟须具备的优秀品质和素养。我们更是满怀期待，期望通过这样精彩纷呈的活动，让更多的孩子亲身感受到足球的独特魅力，并以此召唤引领更多的青少年踏上绿茵场，从而培养出更多在文化学习和体育锻炼方面协调发展、全面进步的时代新人。

六、大连市足球发展振兴座谈会上的讲话

校园足球是大连足球乃至中国足球未来愿景得以实现的基础所在。其意义不仅体现在体教融合的现实需求方面，也不仅在于对广大青少年全面发展的促进作用，更不仅是建设体育强国的必然抉择，而是与大连乃至国家足球的未来发展、振兴紧密相连。

从国家层面针对足球发展所进行的规划与设计来看，明确了目标任务和要求，其中对于校园足球的主要任务规定得十分清晰。一是充分发挥足球的

育人功能；二是大力推进校园足球的普及；三是推动文化学习与足球技能协同发展；四是助力青少年足球人才规模性成长；五是扩充师资队伍。在国家政策的强力支持下，中小学校园足球特色学校的数量普遍增多，它们积极发挥辐射引领作用，带动区域内学校广泛开展足球运动。尤其是近几年，校园中踢球的学生不断增加，会踢球的学生越来越多，对足球运动喜爱和感兴趣的学生数量也大幅上升。

以东北路小学为例，我们高度重视校级梯队建设，成功培养出众多极具潜质的青少年足球人才。在这里，校园足球的普及与提高实现了有机融合和迅猛发展，众多优秀的足球苗子得以成长，有天赋的球员得以被发现，足球人才得以储备，足球魅力得以展现。这让我们更加坚信，只要找准方向、深入挖掘，必然会有惊喜的成果涌现。

在足球发展的顶层设计中，职能分工与目标任务已然明确。此时，需要寻找到适宜的实践平台，方能让政策切实落地。对于校园足球而言，校园足球特色学校无疑是实现足球发展顶层设计、践行校园足球发展理念、完成校园足球发展任务最为关键的载体和平台。将校园足球特色学校建设好、管理好，对于校园足球的发展乃至整个中国足球的发展都具有极其重要的现实意义。

作为校园足球特色学校的校长，我们应当把足球特色发展纳入学校的长期发展规划之中，进行科学定位、合理布局，并确保有效实施，努力形成品牌。同时，加强系统化设计、一体化推进，持续夯实校园足球的教学体系、训练体系、竞赛体系和支撑体系，让足球特色建设为学校的发展贡献力量。营造良好的校园足球文化，让千千万万的孩子在拼搏、努力、汗水和荣誉中喜爱足球、钟情足球、投身足球事业，进而选拔出更多优秀的足球后备人才。毕竟，校园足球助力中国足球的关键就在于后备人才的培养，我们要为大连、为国家培养更多有潜力、有实力、有担当、有格局、有品德的足球后备人才。

  校园足球特色学校的建设与管理，在校园足球的推进乃至中国足球改革的总体布局中都占据着至关重要的地位，具有不可估量的价值。我们将在大连市委、市政府、市教育局、市体育局、市足协的领导下，在科学发展理念的引领下，在足球育人功能的实践中，不断推动校园足球这艘船沿着正确的航向奋勇前行。我们深知，在校园足球的发展道路上，唯有勇往直前，方能达成目标。我们要像石榴籽一样紧密团结，凝聚力量，打通足球人才培养的入学通道、升学通道，为小球员们在未来的选择提供更多元化的可能。校园足球的发展任重道远，我们会以务实的态度、创新的思维、不懈的努力，一步一个脚印地推动校园足球不断前进。期待未来，我们能在校园足球这片沃土上，看到更多足球梦想的种子生根发芽、茁壮成长，为大连足球、中国足球的辉煌明天贡献更多的校园力量。

第二章

小足球大教育

一、足球育人功能推动学校内涵式发展

在如今的学校教育里，校园足球的育人功能正日益凸显。足球，看似只是一个小小的球体，却有着超乎想象的力量。它不仅仅是一项体育运动，更是一种独特的教育手段。当孩子们在绿茵场上奔跑追逐，他们学会的不仅仅是如何控制脚下的球，更是团队协作的精神。在传球与接球之间，他们懂得了相互配合、相互支持的重要性。在比赛的胜利与失败中，他们领悟到了拼搏的价值和坚韧的意义。足球教会他们面对困难不退缩，面对挑战勇敢向前。校园足球为学生们打开了一扇别样的窗户，在这里，他们可以释放活力，展现自我。通过足球训练和比赛，他们培养了自律、自信和责任感。这些品质将伴随他们一生，成为他们成长道路上的宝贵财富。小足球，蕴含着大教育。它正以一种润物无声的方式，推动着学校的高质量发展。我们应该深入探索和研究校园足球的育人功能，让更多的孩子在足球的世界里收获知识、成长与快乐。

以球育德，足球培养着学生的品德修养。在足球场上，唯有紧密团结、彼此信任、高度默契，才有可能撕开对手防线，创造得分良机。团队合作是

胜利的基石，是荣誉的底色。面对比赛的胜负，学生们学会了承受挫折，培养了坚韧不拔的意志品格。他们懂得在失败中吸取教训，在成功时保持谦逊，培养了正确的胜负观和价值观。

以球健体，足球锻炼了学生的身体素质。足球运动是一项全身性的运动，它需要参与者具备良好的耐力、速度、力量和敏捷性。通过参与足球活动，学生们的心肺功能得到增强，肌肉得到锻炼，身体的协调性和灵活性也得到提高。长期坚持足球运动，有助于学生养成良好的运动习惯，提高身体素质，为其今后的学习和生活打下坚实的健康基础。

以球促智，足球激发着学生的智力发展。在足球比赛中，战术的制定和执行需要学生具备敏锐的观察力、快速的判断力和果断的决策力。他们需要在瞬间分析场上的形势，作出正确的决策，这无疑锻炼了他们的思维能力和应变能力。此外，足球运动还需要学生掌握一定的规则和技巧，这有助于培养他们的学习能力和记忆能力。

足球运动对于促进学校学生五育融合也发挥着重要作用。它与德育相互交融，培养学生的品德和价值观；与智育相辅相成，锻炼学生的思维和决策能力；与体育紧密结合，提升学生的身体素质；与美育相得益彰，让学生在运动中感受美、创造美；与劳育相互关联，培养学生的吃苦耐劳和团队协作精神。足球的育人功能不仅体现在个体学生的成长上，也对学校的整体发展产生了积极影响。一个积极开展足球运动的学校，往往能够营造出充满活力、积极向上的校园氛围。这种氛围有助于吸引更多的学生参与到体育活动中来，促进校园文化的多元化发展。同时，足球运动的开展也能够加强学校与家长、社区的联系，形成教育合力，共同推动学校的高质量发展。然而，要充分发挥足球的育人功能，学校需要提供良好的足球教育环境。这包括建设完善的足球场地设施，配备专业的足球教师，制定科学合理的足球课程和活动计划。

此外，学校还应积极组织校内、校外的足球比赛，为学生提供更多的实践机会。

总之，足球作为一种教育手段，具有强大的育人功能。通过"以球育德、以球健体、以球促智"，促进五育融合，足球能够为学生的成长和学校的发展注入源源不断的动力，真正实现"小足球，大教育"的目标，推动学校走向内涵式发展的道路。

二、足球：平凡生活的英雄梦想

在世界的每一个角落，足球都如同一颗跳动的心脏，蓬勃而有力。它不仅仅是一场场激烈拼搏的竞技赛事，也不只是闲暇时光的娱乐消遣。当球员们在绿茵场上风驰电掣，那是梦想在狂奔；当球迷们在看台上欢呼呐喊，那是心灵在共振。足球，宛如一座桥梁，连接着平凡与伟大，它承载着无数人的精神寄托，激发着潜藏心底的无限能量，悄然塑造着坚韧、团结与奋进的灵魂，成为我们生活中不可或缺的一份热爱与坚守。

足球，有时也很简单。它可能是孩子们在放学后的一块空地，几个伙伴你追我赶，为了把那个球踢进自制的球门而欢呼雀跃的小游戏；它也可能是一群成年人在周末的业余联赛中，尽情挥洒汗水，释放生活压力的休闲之举。足球不是高高在上的口号，而是实实在在陪伴我们的朋友。它见证我们的成长，记录我们的欢笑与泪水。当我们在绿茵场上奔跑，仿佛能听到内心的声音，那是对梦想的追逐，对自我的挑战。足球，带着我们踏上心灵的旅程，让我们在这平凡的世界里，找到无限的可能。

当我们目睹球员们在绿茵场上尽情奔跑、挥洒汗水时，我们所看到的不仅仅是身体的运动，更是一种对自我的极致追求。足球，让人们超越了身体的局限，挖掘出内心深处潜藏的无限力量。这种力量并非仅仅源于肌肉的爆发力，还源自内心的坚定信念和对胜利的无比渴望。

每一次在足球场上的奔跑，都是对极限的勇敢挑战。球员们面临着对手的围追堵截，承受着体力的巨大消耗，却依然义无反顾地向前冲。他们的目标不仅仅是进球得分，更是要突破自我，超越自己曾经认为的不可能。这种挑战，是对身心的双重磨砺，也是对灵魂的深刻洗礼。

而足球比赛的胜利，带来的愉悦感绝非仅仅源于生理上的激素分泌。当终场哨声响起，胜利的喜悦涌上心头，那一刻，球员们感受到的是内心深处的满足和自豪。他们深知，自己战胜的不仅仅是对手，更是曾经那个心存疑虑、缺乏自信的自己。这种愉悦，是心灵的狂欢，是对自我价值的高度认可。

在足球的世界里，潜能是一个无尽的宝藏。每一个球员都在不断地探索自己的潜能边界，每一次的突破都是对未知的勇敢征服。他们或许在起初并不相信自己能够完成那些看似不可能的任务，但在足球的赛场上，在团队的协作与支持下，他们发现自己能够做到超乎想象的事情。这种对自身潜能的挖掘和释放，让他们明白，人的能力是没有尽头的，只要有勇气去尝试、去拼搏，一切皆有可能。

足球，也是一场心灵的修行。在比赛中，有成功的喜悦，也必然有失败的痛苦。然而，正是这些起起落落，塑造了球员们坚韧不拔的性格和不屈不挠的精神。面对挫折，他们不气馁；面对困难，他们勇往直前。每一次的跌倒，都是为了下一次站得更稳；每一次的失败，都是为未来的成功积累经验。这种在挫折中成长、在困境中崛起的精神，正是足球赋予人们最宝贵的财富。

足球还是团结与协作的典范。一支优秀的足球队，需要各个位置的球员紧密配合，心往一处想，劲儿往一处使。在这个过程中，个人的力量融入集体之中，共同为了一个目标而努力。这种团结一心的精神，不仅在赛场上发挥着巨大的作用，也会延伸到生活的各个角落，让人们懂得在团队中如何发挥自己的优势，与他人协作共进。

足球，是一种跨越国界、种族和文化的语言。无论身处何地，无论肤色如何，当人们踏上绿茵场，心中都怀揣着同样的梦想和热情。足球让不同背景的人们相聚在一起，共同为了那个滚动的皮球而欢呼、呐喊。它打破了隔阂，增进了友谊，让世界变得更加紧密。

对于球迷来说，足球更是一种信仰，一种情感的寄托。他们会为了自己喜爱的球队彻夜不眠，会在球队胜利时欢呼雀跃，在失败时黯然神伤。足球成为他们生活中不可或缺的一部分，给予他们激情、希望和梦想。

回首望去，足球早已超脱了其表面的形式，化作一种无形的力量，深深嵌入我们的生活纹理中。它见证了球员们的拼搏奋进，珍藏着球迷们的热血期待，更滋养着一代又一代人的心灵。在校园中，足球助力莘莘学子德智体美劳全面发展，为未来的栋梁之材打下坚实的基石。这，就是足球的魅力——它是梦想的舞台，是心灵的慰藉，是平凡生活里闪耀的英雄梦想，值得我们世世代代传承与热爱，永不停歇地追逐下去。

三、校园足球的育人功能：内涵、价值与发展思路

校园足球，作为现代教育体系中的重要组成部分，承载着丰富的育人内涵和巨大的价值。它不仅仅是一项体育运动，更是培养全面发展的人才的有效途径。足球运动具有很强的教育性。在校园足球的训练和比赛中，学生们需要遵守规则，尊重裁判和对手，这培养了他们的纪律意识和规则意识。同时，足球运动要求团队成员之间密切配合、相互信任，这有助于培养学生的团队合作精神和沟通能力。

校园足球的育人内涵体现在多个方面。首先，它能够锻炼学生的身体素质。足球运动需要奔跑、传球、射门等动作，能够提高学生的耐力、速度、

力量和灵敏性。其次，它有助于培养学生的心理素质。在比赛中，面对胜负和压力，学生需要学会调整心态，保持冷静和自信，从而增强心理承受能力和应对挫折的能力。再者，校园足球能够促进学生的智力发展。战术的制定、对对手的分析、场上局势的判断等，都需要学生运用思维能力和决策能力。

校园足球的育人价值不可小觑。其一，它有助于塑造学生的良好品德。通过参与足球活动，学生学会了公平竞争、诚实守信、团结友爱，这些品质将伴随他们一生。其二，它能够增强学生的社会适应能力。在团队合作中，学生学会了与不同性格的人相处，学会了承担责任和分享荣誉，为将来更好地融入社会打下了基础。其三，校园足球为学生提供了展示自我的平台，让他们在运动中发现自己的优势和潜力，增强自信心和自尊心。

为了充分发挥校园足球的育人功能，我们需要明确清晰的发展思路。

首先，要以教学为基础。学校应将足球纳入体育课程体系，配备专业的足球教练员，编写系统的教材，让学生在课堂上掌握足球的基本知识和技能。同时，教学过程中要注重因材施教，根据学生的年龄、性别和身体素质差异，制定个性化的教学方案。其次，要以育人为根本。无论是训练还是比赛，都要将育人理念贯穿始终。注重培养学生的品德修养、团队精神和创新能力，让他们在足球运动中不仅锻炼了身体，更提升了综合素质。再者，要以竞赛为关键。组织丰富多彩的校内、校际足球比赛，为学生提供实战锻炼的机会。通过竞赛，激发学生的兴趣和斗志，提高他们的竞技水平，同时也能促进校园足球文化的形成。此外，还需要加强校园足球的场地设施建设，为学生提供良好的运动环境。加大对校园足球的投入，包括师资培训、器材购置等方面。同时，要积极争取家长和社会的支持，形成家校社协同育人的良好局面。

校园足球的育人功能，蕴藏于团队协作的内涵之中，借由赛事与训练，让学生领悟配合的真谛；体现于品德塑造的价值之上，于胜负之间，培育坚韧、自律与责任感；落脚在长远发展的思路里，以普及为基，提升认知、推广爱好，促使学生在足球的浸润下，德智体美劳稳步发展，为未来奠基，让校园足球成为教育发展中不可或缺的坚实力量。

四、足球场上的尊重：文明与友谊的华章

足球的天地，竞争激烈，热血拼搏，让人激情涌动。然而，有一种精神不可或缺，那就是尊重对手。比赛前，认真准备的同时，也会关注对手的情况，这不是为了窥探弱点，而是一种尊重的体现。比赛时，每一次的对抗、每一次的争抢，并非只有胜负的较量，还有对对手努力的认可。比赛结束后，无论输赢，一个握手、一个微笑、一句夸赞，都是尊重的表达。这种尊重，不是刻意为之，而是自然而然地融入足球运动的每一个环节。它让足球不仅仅是力量与技巧的比拼，更是文明与素养的展现。它就像一条无声的纽带，连接着每一位热爱足球的人，使他们共同书写足球运动的文明篇章。比赛开始前，一系列仪式和举动都彰显着双方的尊重。双方队长交换队旗，这看似简单的动作，实则意义非凡。队旗是一支球队的象征，代表着球队的荣誉、传统和精神。队长们郑重地交换队旗，是对彼此球队的认可和尊重。在队长的带领下，球员们依次与对方球员及裁判握手。这一握手，传递的不仅仅是礼节性的问候，更是"加油""请多指教"的鼓励与期待。赛前的握手，让球员们在即将到来的激烈对抗前，先感受到彼此的尊重与友好。全队一起牵手入场，向球迷致敬，展现出球队团结一心的同时，也表达了对球迷支持的感激。这种团结和感恩的态度，为比赛营造了积极向上的氛围。

比赛开始后，尊重对手的表现更是无处不在。当球员进球时，一个有个性的庆祝动作可以展现个人的喜悦，但绝不能延误比赛时间。同时，进球者应感谢助攻的队友，与其他队友一起分享这份荣耀。因为足球是团队运动，

每一个进球都离不开团队的协作。中途换人上场时，上场的球员离开座位后，应迅速跑向赛场，以积极的态度投入比赛，展现出对比赛的尊重和对球队的责任感。退场的球员则要保持风度，安静地回到替补席，为场上的队友加油鼓劲。当场上有球员受伤倒地，比赛无法正常进行时，另一方球员主动将球踢出界外，这无疑是最大程度的尊重。这种举动超越了比赛的胜负，体现了对球员生命和健康的关怀，展现了足球运动中的人性光辉。而在犯规后，主动探视被犯规的球员，询问伤情，表达歉意，这是对对手身体和感受的尊重。犯规或许是比赛中的无意之举，但及时的关心和歉意能够化解可能产生的矛盾，让比赛在友好的氛围中继续进行。

足球场上的尊重，不仅仅是一种形式，更是一种内心的态度。它让比赛充满了温度，让竞争变得更加纯粹。这种尊重，使得足球不仅仅是一场胜负的较量，更是一场关于友谊、团结和文明的盛宴。在尊重对手的氛围中，球员们能够更好地发挥自己的实力，展现出更高的竞技水平。因为他们知道，无论比赛结果如何，他们都在一个公平、友好的环境中拼搏，他们的努力和付出都得到了应有的尊重。对于球迷来说，看到球员们相互尊重，也会更加热爱这项运动。足球不再只是简单的进球和胜利，而是充满了人性之美的精彩表演。尊重对手，是足球运动的传统美德，也是推动足球不断发展的重要力量。只有当我们都心怀尊重，足球才能真正成为一项令人敬仰的运动，才能不断传递正能量，吸引更多的人投身其中，感受其独特的魅力。让我们在每一场比赛中，都用尊重书写足球的文明，用友谊编织足球的华章，让足球运动在充满爱与尊重的氛围中绽放更加绚烂的光彩。

五、足球育人路径初探：基于课程与人才培育视角

在东北路小学，足球已然超越了体育项目的范畴，成为助力学生全面发

展、践行立德树人理念的关键力量。学校精心打造的"3+X"足球特色课程，从基础普及逐步迈向技能深化，搭建起足球人才孕育的稳固阶梯。立足校园足球这片土壤，学校和教练员们埋头深耕，致力于让更多孩子亲近足球、钟情足球，在点滴积累中延展足球人才的培养路径，悄然探寻足球育人的有效策略。

"3"所涵盖的三类课程，为不同层次的学生提供了多样化的选择。课程作为普及性的存在，让每一个孩子都能接触到足球，感受足球运动的魅力。在体育课堂上，老师通过生动有趣的教学，向学生传授足球的基本知识和技能，培养他们对足球的初步兴趣。课后服务的课程以兴趣小组的形式展开，为那些对足球有更浓厚兴趣的学生提供了进一步探索的机会。在这里，学生们可以在轻松愉快的氛围中，深入学习足球技巧，提升自己的水平，同时也能结交志同道合的朋友，共同追逐足球梦想。而精英梯队的课程则专注于足球队的技能和战术水平训练。对于有天赋和潜力的学生，学校提供了专业的指导和高强度的训练，帮助他们在足球领域不断突破自我，代表学校在更高的舞台上展现风采。

而"X"所代表的各种各样的活动，则为校园足球文化的繁荣注入了源源不断的活力。"校长杯"足球联赛是一场全校性的足球盛宴，各班级球队在赛场上激烈角逐，展现出团队协作和竞技精神。足球大课间操将足球元素融入课间活动，让学生在日常的锻炼中增强体质，培养对足球的热爱。足球嘉年华则是一场欢乐的聚会，充满了趣味足球游戏和表演，让每一个学生都能参与其中，享受足球带来的快乐。足球手抄报、海报设计和绘本大赛，激发了学生的创造力和想象力，让他们用艺术的形式表达对足球的理解和热爱。足球亲子互动活动则加强了家庭与学校的联系，让家长也能参与到孩子的足球成长之旅中，共同营造良好的足球氛围。

"3+X"足球特色课程的实施，不仅提高了同学们的身体素质和足球技能，更在潜移默化中培养了他们的综合素质。

首先，足球运动培养了学生的团队合作精神。在比赛和训练中，每个队员都有自己的职责，只有相互配合、相互支持，才能取得好成绩。这种团队合作的意识会延伸到学习和生活中，让学生们懂得如何与他人协作，共同解决问题。其次，足球锻炼了学生的意志力。无论是在炎热的夏日还是寒冷的冬天，坚持训练需要坚强的毅力。面对比赛中的挫折和失败，能够勇敢地站起来，继续前行，这种坚韧不拔的品质将伴随学生一生。再者，足球促进了学生的规则意识和公平竞争意识的形成。在足球场上，必须遵守规则，尊重裁判的判罚，这种规则意识会让学生在社会生活中成为遵纪守法的好公民。而公平竞争意识则让学生明白，成功需要靠自己的努力和实力，而不是投机取巧。

东北路小学的"3+X"足球特色课程，作为足球育人路径的初步探索，从课程与人才培养的细微之处切入，映照出教育多元融合的可能。在未来，学校将秉持初心，持续深耕这方育人土壤，不断丰富课程内涵，拓展活动形式，让足球运动深度融入学生的成长轨迹，"以球育德、以球健体、以球促智"，使足球成为校园中知识与品德共融、健康与快乐同存的教育新支点，稳步推进校园足球事业向纵深发展，培育出更多兼具强健体魄、聪慧头脑与高尚品德的新时代好少年。

六、以校园足球促进学校体育绽芳华

随着教育理念的更新迭代，校园体育的重要性愈加凸显，而校园足球作为其中的关键一环，正成为校园活力与教育价值的崭新注脚。它不再是简单的体育项目，其影响力已拓展至教育的多元维度，成为串联学生成长、团队协作与健康生活的纽带。

在校园内普及和发展体育文化，将课程教学、课余训练以及课外赛事活动有机结合，构建起全新的学校体育工作体系，具有重要意义。这意味着学校不仅要让所有学生积极参与运动，还要使他们融入浓厚的体育文化之中，掌握受益终身的运动技能。在众多体育项目中，校园足球成为优先发展的重点。尽管学校体育并非只发展足球，但足球运动凭借其在校园中的高人气以及在国内外体育产业中的重要地位，包括成熟的职业联赛体系，成为学校体育的关键项目。

在体育参与的大背景下，校园足球被赋予了双重功能。其一，它是培养足球文化的肥沃土壤。在校园中开展足球教学、分享足球知识以及加强足球场地建设等举措，推动校园足球课程的开发与开设，让更多的学生接触和了解足球，从而营造出浓厚的足球文化氛围。其二，校园足球也是发掘人才的重要途径。尽管从校园走出的精英球员需要经历长时间的磨砺，但校园足球通过在课程之外对有天赋的孩子进行选拔，让他们参加精英队和各类比赛，为他们提供了成长的平台。

一直以来，我们强调的一体两面，即拓宽基础与培养精英，是填平校园足球普及与精英化之间鸿沟的最佳方式。如果过早地将普及和精英分开，可能会导致那些具有发展前景和天赋的球员被埋没。只有让更多的孩子参与到足球运动中，扩大足球人口基数，同时注重对有天赋球员的培养，才能为足球事业的发展奠定坚实的基础。校园足球恰似活力引擎，驱动学校体育工作的创新进程，深度融入学生成长轨迹。故而，我们理应珍视校园足球发展机遇，倾力培育足球后备人才，精心营造蓬勃向上的校园体育文化氛围，让足球运动在校园中落地生根、叶茂枝繁。

七、足球：青少年成长的多维助力器

足球，作为世界上最受欢迎的体育运动之一，对于青少年的成长具有多方面的意义。它不仅是一场体能与技巧的较量，更是一次心灵与智慧的旅程。在绿茵场上，青少年们尽情奔跑、追逐，收获的不仅仅是身体的锻炼和欢乐的时光，还有一系列宝贵的成长财富。

首先，足球是青少年智力发展的强大引擎。足球运动绝非单纯的体力角逐，它是体力、技术、战术与智力的深度融合。在瞬息万变的赛场上，无论是精妙的射门、恰到好处的助攻，还是团队间的默契配合，都需要球员们具备敏锐的洞察力、快速的决策能力和精准的预判能力。每一次传球的时机把握、每一次进攻的路线规划、每一次防守的策略制定，都考验着球员们的思维敏捷性和逻辑清晰度。足球比赛中的不确定性因素众多，球员们必须时刻保持头脑冷静，清晰观察场上的各种变化，并根据实际情况进行动态的调整和调控。这种对综合素质的高要求，使得足球成为培养和开发青少年智力的绝佳途径。通过参与足球运动，青少年能够学会分析问题、解决问题，培养创新思维和应变能力，从而为他们在学业和未来的生活中应对各种挑战奠定坚实的基础。

其次，足球对青少年的身体健康有着显著的促进作用。足球运动的高强度和高活跃度，使得青少年在奔跑、传球、射门等动作中，充分锻炼了腿部的骨骼和肌肉，促进了新陈代谢。对于正处于生长发育关键时期的青少年来说，这有助于他们塑造强健的体魄和良好的体态。在足球比赛中，频繁的跑步、传球等动作能够排出更多的二氧化碳，增大肺活量，使呼吸变得更加平稳、深沉。经常参与足球运动的青少年，心肺功能会更加强健。此外，足球运动还能够强健脾胃，加速气血流通，促进消化功能的提升。良好的消化系统能够为青少年提供充足的营养和能量，增强他们的免疫力，减少疾病的发生。可以说，足球运动就像一台为青少年健康保驾护航的强大引擎，让他们在充满活力的运动中茁壮成长。

再者，足球是培养青少年优秀意志品质和社交能力的重要平台。在足球训练和比赛中，青少年们不可避免地会遇到各种困难和挑战，如比分落后、对手强大、受伤等。然而，正是在面对这些挫折的过程中，他们学会了坚持不懈、勇敢拼搏，培养了坚韧不拔的意志品质。每一次在困境中奋起反击，每一次在失败后重新振作，都让他们的内心变得更加强大。同时，足球运动强调团队合作，球员们需要相互信任、相互支持，共同为了胜利而努力。在这个过程中，青少年们学会了与他人沟通、协作，学会了尊重队友、理解对手，结交到更多志同道合的朋友。这种团队合作意识和社交能力的培养，将对他们未来的人生发展产生深远的影响，使他们能够更好地适应社会，与他人和谐相处。

此外，足球还有助于减轻青少年的压力，调整睡眠，提高自信心。在当今快节奏的社会环境下，青少年面临着学业的压力、家庭的期望以及各种社会因素带来的焦虑。足球运动为他们提供了一个释放压力的出口，让他们能够暂时忘却烦恼，全身心地投入到比赛中。在奔跑和拼搏中，他们的身心得到了充分的放松，压力也得到了有效的释放。同时，规律的足球训练和比赛能够调整青少年的生物钟，改善睡眠质量，让他们拥有更加充沛的精力去面对学习和生活。而在足球场上取得的每一次进步、每一次成功，都能够增强青少年的自信心，让他们相信自己的能力，勇敢地追求梦想。

足球运动与青少年成长紧密相连，为其发展提供了多维度的助力。在思维发展维度，足球比赛中的战术规划与即时决策能有效锻炼青少年的逻辑思维与应变能力；身体素质上，持续的运动能够增强心肺功能、提升耐力与协调性；面对赛事的输赢起伏，他们可以借此塑造坚毅刚强的意志品格；团队配合的需求促使其社交能力不断进阶，学会协作与分享；足球活动还为青少年创造了压力舒缓的空间，使其在运动中释放紧张情绪；每一次赛场表现的提升，都有助于自信心的积累与沉淀。鉴于此，应充分认识到足球对青少年成长的积极意义，进一步推动足球运动在青少年群体中的普及与发展，让青少年借助足球运动的力量，收获更丰富的成长体验，塑造更全面的自我人格。

八、小学足球特色教育在国际视域下的实践与思考

足球，作为一项全球性的体育运动，在小学教育阶段具有独特的教育价值。在国际视域下，探索小学足球特色教育的实践路径，不仅能够丰富学生的课余生活，更有助于培养学生的团队合作精神、竞争意识和身体素质。

在国际上，许多国家将小学足球教育纳入学校课程体系，并形成了各具特色的教育模式。以欧洲一些国家为例，它们注重足球文化的传承，从娃娃抓起，培养孩子们对足球的热爱和兴趣。在课程设置上，不仅有专业的足球技能训练，还有足球历史、战术分析等理论课程。此外，它们还拥有完善的青少年足球竞赛体系，为孩子们提供了充足的比赛机会，以赛促练。

这些国际先进经验为我国小学足球特色教育带来了诸多启示。首先，我们要明确足球教育的目标，不仅仅是培养专业的足球运动员，更是要通过足球促进学生的全面发展。其次，要优化课程设置，将足球技能训练与足球文化、体育精神的培养相结合。再者，加强师资队伍建设，引入专业的足球教练，并对校内教师进行足球培训，提高教学水平。

东北路小学在探索小学足球特色教育的道路上，积极借鉴国际经验，并结合自身实际进行了一系列创新实践。我们在课程中融入了国际知名足球俱乐部的训练方法和理念，让学生接触到最前沿的足球技能训练。同时，学校

定期举办足球文化节，介绍世界各地的足球文化，拓宽学生的视野。为了提高学生的实战能力，我们积极参与区域内的校际足球比赛，与其他地区的学校进行交流。

在实践过程中，我们也遇到了一些挑战和问题。例如，部分家长对足球教育的重视程度不够，认为会影响学生的学业成绩；学校足球场地和设施有限，无法满足学生的训练需求；足球师资队伍的稳定性有待提高等。针对这些问题，我们采取了相应的措施：通过家长会和家长课堂，向家长宣传足球教育的重要性和积极影响，转变家长的观念；积极争取政府和社会的支持，改善足球场地和设施条件；加强对足球教师的关怀和激励，提高师资队伍的稳定性。

经过一段时间的努力，学校的足球特色教育取得了显著成果。学生们的足球技能得到了明显提升，团队合作意识和竞争意识增强，身体素质也得到了改善。同时，足球文化在校园内得到了广泛传播，营造了浓厚的足球氛围。然而，我们也清楚地认识到，小学足球特色教育的发展是一个长期的过程。在未来，我们将继续关注国际足球教育的发展动态，不断引进新的理念和方法；进一步完善课程体系，提高教学质量，为学生提供更加优质的足球教育；加强与社区和企业的合作，拓展资源，为足球特色教育的持续发展提供有力保障。

总之，在国际视域下，小学足球特色教育具有广阔的发展前景和重要的意义。我们要不断探索、实践和创新，为培养具有国际视野和综合素养的足球人才奠定坚实的基础。

九、东北路小学校园足球"1251"人才培养模式

作为全国足球特色学校，东北路小学成功的足球实践模式备受瞩目。近

年来，学校更是屡获佳绩。如何为中国校园足球发展增添更多源自东北路小学的智慧、方案和力量，塑造可复制、可推行的东北路模式，带动更多中小学校共同进步，为校园足球发展提供经验与启示？多年的实践与积淀，东北路小学形成了校园足球"1251"人才培养模式。

1. 秉持 1 种理念

秉持"快乐足球+以体育人"教育理念。

2. 明晰 2 条主线

塑造拼搏、勇敢、合作的体育精神；激发热爱、争先、超越的内生动力。

3. 推进 5 项融合

（1）普及与精英相融合。在东北路小学，学校始终坚持足球活动普及是方向，育人是根本。足球运动可以深入挖掘个体的潜能，使学生在身体、智力、情感、道德和审美等多个层面得到均衡提升。让更多的孩子喜欢踢球，热爱足球，积极参加足球活动，让足球的种子在每一个孩子心中生根发芽。做大足球"分母"，扩大足球人口。学校每个班级都有自己的足球队，每年举办"校长杯"足球赛事，让全校学生都能感受到足球的魅力。在精英培养上，学校精心选拔梯队人才，坚持教会、勤练、常赛。通过高水平的青少年足球赛事层层选拔出有实力、有潜力的足球后备人才进行系统培训，努力培养出有本领、有情怀、有担当的中国足球人，为职业队输送有潜力的足球人才，确保人才培养不断档。

（2）教育与体育相融合。东北路小学以校园足球为核心主线，以"足球培训、足球赛事、足球文化"为支撑点，撬动"教体融合"新杠杆，培育足球之根，融汇五育之美，构建全面发展的教育生态。学校不仅注重球员足球技能的培养，更关注他们的全面发展。对于踢球的孩子们，学校合理安排训练时间，确保不影响他们的正常学习。老师根据每个孩子的实际情况制定个性化的学习方案，提高他们的学习效率，做到踢球、学习两不误。

（3）技术与品德相融合。在技术方面，通过系统训练不断提升球员技战术水平，包括精湛的控球、准确的传球、灵活的防守应变等，使他们在球场上能够游刃有余。立德树人是教育的根本任务，也是校园足球育人工作的核心目标。校园足球不仅要关注球员的技战术水平，更要注重培养球员的品德和精神素养。通过足球教学、足球训练和足球比赛等方式，培养球员的团队合作精神、竞争意识、坚韧品格和社会责任感，让每个球员都能在足球中找到自己的乐趣和价值，培养德体兼备的新时代足球人才。

（4）多元与特长相融合。在东北路小学，学校发展足球特色但不仅有足球，小球员不仅在足球技术上精益求精，也会在其他体育项目上积极探索，培养多方面特长。他们不是单纯的足球人，而是拥有多种特长的全面发展的孩子。这种培养模式让小球员们即使不能一直走足球职业道路，也能凭借着足球特长和其他本领，在社会上立足，成为各行各业的精英。正因为有如此丰富的选择，他们更能激发自身的内生动力，主动去探索和追求。多元的发展会带来更多的机遇和可能性，这种认知促使他们更加积极地投入到学习和训练中，不断提升自己。

（5）个性与团队相融合。在东北路小学，教练会深入了解每一位球员的性格特点，尊重个体差异，因人而异制定培养方案，鼓励自我表达和表现，并给予充分的包容和发展空间，让他们能够展现各自的才能，尽最大可能发挥每一个小球员个性所能激发的潜力。球员们在训练和比赛中，始终重视责任感、位置感和沟通技巧的培养，始终保持着高度的团结协作精神，无论场上形势如何变化，都坚定信念、永不言弃。这种个性与团队的融合，能让球队在赛场上既有独特的风格，又有强大的战斗力，是球队取胜的关键所在。

4. 打造一个生态

（1）足球普及扎实有效。在东北路小学，教练员除负责日常足球训练外，还负责每周一节的足球课，1—2年级每班每周一节独立的足球课，学生从一年级入学起就接受了专业的足球启蒙，随着年龄的增长，3—6年级每周同上一节足球大课，从启蒙逐步过渡到足球技战术、足球规则以及足球知识学习等。学校落实国家"双减"政策的要求和指导，在开足开齐课程的基础上，开发了以足球为特色的校本课程，将"足球文化"潜移默化根植于学生的内心深处。

（2）足球梯队建设规范。学校足球梯队建设体系科学，选材标准。学校足球队保持8支训练梯队，其中有6支年龄组梯队、1支守门员队伍、1支女足梯队，每个年龄组的队伍人数在20人左右。球队常年坚持每天两小时以上高水平、高强度的训练，小球员全年训练时间在300天以上，教练员全年休息不超过10天，球队坚持20几年利用寒假赴南方进行约40天的冬训。这些做法实实在在地提升了人才培养的水平，源源不断地培养出了优秀的足球人才。

（3）足球训练系统科学。为了确保日常训练科学性，学校确立了"一定一抓一放一复盘"的足球训练模式，即定目标、抓过程、放平心态、定期复盘总结，在此基础上，进一步确立符合足球运动发展规律、紧跟世界先进理念、适应我国国情的校园足球工作思路，制定基础性和个性化相结合的训练计划，加强实战训练，完善评估机制，提高教练员整体素质，实现校园足球与青训的有机融合，通过高水平青少年足球赛事，争取更多足球训练机会和资源，让更多的孩子在拼搏、努力、汗水和荣誉中爱上足球、投身足球事业。

（4）足球文化底蕴厚重。"种一棵树最好的时间是十年前，其次是现在。"古老校舍、郁郁葱葱的大树、交错盘绕的树根和足球场上奔跑着的足球少年已深深融为一体，成为东北路小学校园最独特的标志和风景。东北路小学的足球有着光荣的传统，足球活动和足球文化一直是东北路小学最亮丽的名片。多年来，一代代学校的建设者，辛勤耕耘，已经将足球活动深化为学校的特色文化。学校以足球切入、兴趣为先、全员参与的足球文化已经形成，足球活动所激发的健康向上、机智果断、顽强拼搏、团结合作、相互友爱的校园文化氛围已经逐渐弥散到学校生活的各个方面。

（5）足球引领作用明显。东北路小学积极发挥引领辐射作用，建立了沙河口校园足球联盟，多次承办区、市各类足球竞赛，连续承办了两届"东北路小学杯"国际青少年足球精英赛，达到了很好的示范带动效果。很多优秀的足球苗子在这里成长，有足球天赋的球员在这里被发现，足球人才在这里储备，足球魅力在这里展现，为加快推进校园足球振兴贡献力量。学校积极参加国内外各级各类赛事活动，球员们全年人均比赛30场以上。这大大提高了队员的身体素质和队伍的技战术水平，拉开了与同年龄段小球员的差距。近两年，学校足球队取得多项荣誉，荣获"市长杯"四连冠、荣获全国第七届"玛丽莱杯"冠军、荣获中国足协第二十四届"贝贝杯"冠军、代表大连市参加全国重点城市比赛夺得男子U10和U11两个亚军等。

在东北路小学，足球不仅是一项运动，更是一种文化、一份情怀、一脉传承。这里的孩子们，因足球而成长，因热爱而坚持，他们的未来充满无限可能。东北路小学的校园足球培养模式，照亮了孩子们的足球梦想。东北路小学的足球故事，还在继续，让我们一起期待更多的精彩。道阻且长，行则将至；前行不辍，未来可期。

第二篇

深耕细研　同行致远

回首走过的教育之路，作为校长，我心中满是感怀。此篇章涵盖多元领域的研究硕果：既有对校园足球的聚焦探索，也有教学实践的经验凝练，以及新时代劳动教育落地路径的思索，有科研攻关的曲折与突破，更不乏对青少年成长的前瞻构建。

这些成果，是持之以恒的阶段性沉淀，是团队智慧与个人热忱交织的华章。愿翻开这一篇章的您，能从中捕捉微光，于教育之路携手共进，以稳健步伐迈向远方，培育未来的希望之光。

第一章

国际视域下的小学足球特色教育实施内涵与路径

摘要：为贯彻落实各级文件精神，打造校园足球特色"高质量普及，专业化提高，全面性融合"的新样态，开创新局面，塑造出全面而个性化的足球人才，学校在原有足球特色文化建设的基础上，向更高的教育理念升华，又着眼于国际视域下足球特色建设，逐渐实现"以球育德、以球健体、以球促智"的育人目标。本文主要结合国际视域下的校园足球特色教育研究，着重阐述了国际视域下的小学足球特色教育实施内涵与路径，围绕着"学练赛"一体化发展体系构建、国际化特色课程开发、国际化"家校社"融合课程路径开创等，来促进校园足球特色建设内涵发展，引领学校走出足球特色高质量发展之路，使学校向国际化校园足球特色教育迈进，提升学校在国际的影响力和知名度以及全民参与的国际教育理念，也为区域化学校校园足球的开展提供了参考。

关键词：国际视域；足球特色；特色教育；实施内涵；实施路径

2009 年，国家开始启动校园足球；到 2015 年《中国足球改革发展总体方案》的出台，中国的校园足球正式如火如荼地开展；2024 年，教育部等七部门提出了《关于加强和改进新时代青少年校园足球工作的实施意见》，进一步推进校园足球健康持续高质量发展。发展青少年校园足球，不但是党中央和国务院作出的重要战略部署，也是落实"立德树人"根本任务的育人工程和提高学校校园足球普及程度和提升特长的基础工程，更是全面推进学校体育综合改革和体教融合深度发展的探路工程，对弘扬社会主义核心价值观，培养学生爱国主义、集体主义精神和积极进取、顽强拼搏的意志品质，提升具有国际视野影响力以及实现学校体育"享受乐趣、增强体质、健全人格、锤炼意志"新目标具有重要价值。作为拥有百年办学历史、文化底蕴深厚、体育特色鲜明、享有"足球黄埔"和"足球明星的摇篮"等美誉的足球基地校，东北路小学是如何开展国际视域下的小学足球特色教育研究，进而产生社会效益、实践价值的？本文会从国际视域下的小学足球特色教育实施的思路、内涵、实施路径以及实践效应等方面进行阐述。

一、国际视域下的小学足球特色教育实施的思路

2020年4月，《关于深化体教融合 促进青少年健康发展的意见》指出：在加强学校体育工作的同时，要加强体育传统特色学校的建设，积极构建"一校一品、一校多品"的学校体育新模式。作为全国首批青少年校园足球特色学校、全国足球后备人才培养基地校以及全国传统体育特色学校，多年来，东北路小学以构建国际视域下小学足球特色教育实施体系（图1）为发展规划，以课程体系为实施内核，以立足学生特长和学校特色为发展需求，以国际化"快乐足球"为发展理念，以学生的全面发展为着眼点和落脚点，坚持"以球育德润阳光心态、以球健身练阳光体魄、以球促智启阳光头脑"的育人理念，坚持普及与提高并重，坚持特色与特长并行，坚持从娃娃抓起、从基础抓起，积极推动校园足球体教深度融合；注重梯队间的有效衔接，形成以足球为核心的五育融合教育体系。积极发挥师、生、校、家、社五大主体

的作用——政府支持优先，让足球基础建设稳固快速发展；师资建设优先，让足球训练有底色、有底蕴、有底气；足球文化优美，让足球文化滋养学生的品格；家校社携手优胜，让足球活动延伸并融入孩子的生活和学习中——促进学校国际视野下的校园足球特色教育持续健康高质量发展，不断打造出"国际化足球教育"特色品牌。

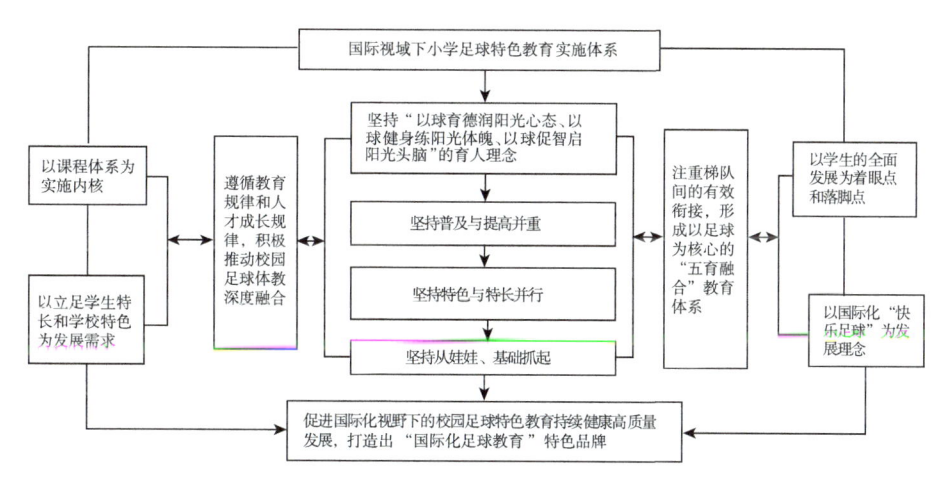

图 1 国际视域下小学足球特色教育实施体系

二、国际视域下的小学足球特色教育实施的内涵

国际视域下的小学足球特色教育是在全面落实国家课程和校园足球文化建设的基础上，遵循教育规律和人才成长规律，对校园足球训练体系、特色教育课程内容以及形式进行整体规划，通过多方联动、体教融合、五育并举，围绕着"一体三翼"（一体：以学生综合素养提升为主体，三翼：足球训练体系、足球课程体系、家校社融合体系），深入实施国际视域下足球特色教育，不断培养具有全球竞争力的足球人才，提升学生的思维层次与国际竞争力等，从而打造出足球特色教育新样态，开创新局面。它的内涵是"足

球精神"的获取，以"崇尚足球精神"为内核，将足球特色文化教育内化为学校特色建设的重要组成部分。其中校园足球特色发展是学校实现自主发展、内涵发展和优质发展的前提。国际化视域下的足球特色教育是校园足球文化建设的升华，用足球引领文化，以特色活动平台的搭建为切入点，以课程体系建设为抓手，合力打造国际视域下的小学足球特色教育。它培养学生健康的体质和强健的体魄，促进他们智力和人格的全面发展，最重要的是能提升足球教练、学校教师、学生以及家长的主动性和深度学习能力，主动融合、主动工作、主动思考、主动改变。它是一代又一代东北路人不忘初心、履职担当、践行使命的过程，是用实际行动诠释"全面育人，扩大足球人口、提高足球竞技水平和切实深化体教融合"的历史使命，是与国际化教育接轨的新思想、新挑战。

三、国际视域下的小学足球特色教育实施的路径

学校结合"体教融合""五育融合""开放发展"的教育理念，立足于足球特色项目优势，着眼于国际足球发展视野，融合多角度、多途径的实施手段和技术，建构出具有特色和开放性的"1+X"建设体系、"足球+X"多学科融合课程体系、家校社联动的融合体系等，有效推进了足球与德育、智育、体育、美育、劳动教育以及家庭教育一体化深入发展与创新，打造出校园足球品牌教育的国际化高质量发展之路。

1. 构建多角度"学练赛"一体化发展体系，呈现校园足球高质量发展新样态

学校以科研为引领，以特色建设为依托，以学生的多元发展为目标，着眼于国际化校园足球特色建设与发展，持续完善校园足球教学体系、训练体系、竞赛体系和人才培养体系，围绕着"教会、勤练、常赛"，构建校园足

球"普及+提高""校内+校外""个性+多元""一品+多品"的"学练赛"一体化足球发展体系（图2），用实际行动诠释"全面育人"的责任担当，让每名学生在参与足球运动中，不仅能掌握足球运动技能和技术，更能促进全面发展，不断呈现出校园足球高质量发展的新样态。

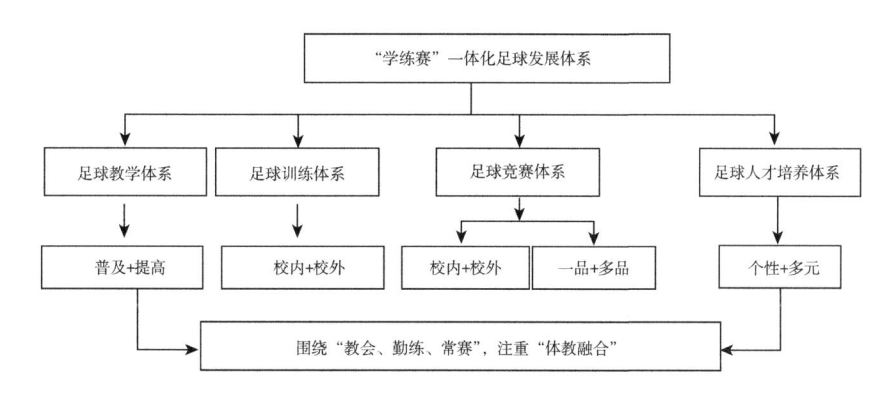

图2 "学练赛"一体化足球发展体系

（1）构建"多元化"足球教学管理体系。结合国内外足球训练管理模式，围绕着"快乐足球"和"生活化"的发展理念，以"体育课堂普及足球技术、业余训练提高足球技能、校社联动督促巩固足球技术"为三维融合管理模式，以国家体育课程为基础，保证每班每周有一节足球课，普及足球的基本技术和技能，帮助学生在足球运动中"享受乐趣、健全人格、增强体质、锤炼意志"同时与足球俱乐部联合，聘用取得中国足协培训资质的国家或省级专业队退役的优秀运动员授课。

（2）构建"多层级"足球训练建设体系。校园足球在普及足球教育的基础上，坚持"特长+选拔、兴趣+培养"的原则，构建"多层级"梯队训练体系：以8支足球梯队为核心支撑，涵盖各个年龄段及性别，始终保持校园足球"6+1+1"训练机制（图3）和校园足球"1251"人才培养模式（图4），形成独特的"金字塔"式培养体系。球员通过入学、选拔、转入三种方式进入球队训练，学校每位球员建立球员档案，并建构学业水平跟踪发展机制。

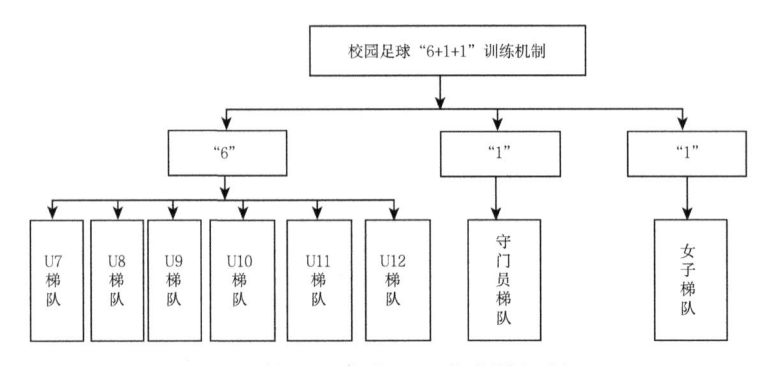

图 3 校园足球"6+1+1"训练机制

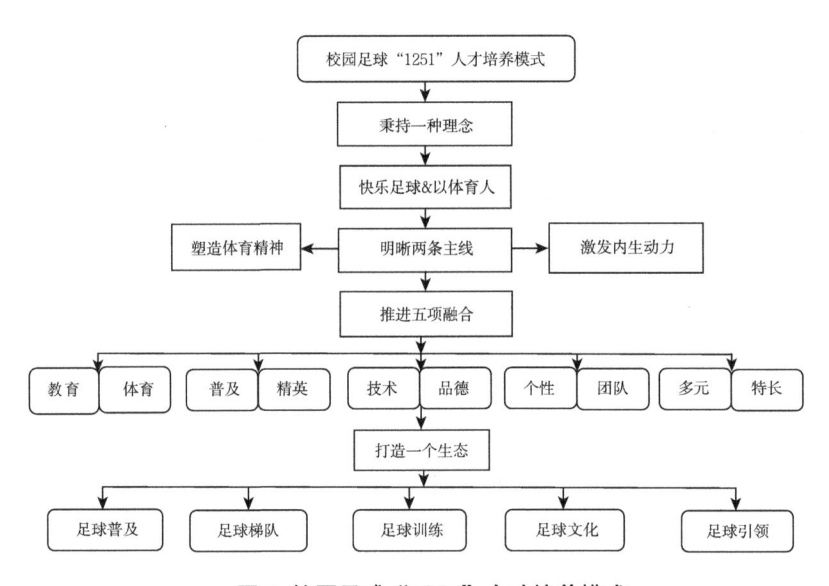

图 4 校园足球"1251"人才培养模式

（3）构建"多途径"足球竞赛实施体系。我们采取多途径参与足球竞赛，不断发挥"赛"的作用，拓宽"赛"的广度和深度，为学生提供展示个性的"舞台"，检验学生"学"和"练"的水平，通过"校内竞赛"和"校外竞赛"，来提高队员的技能运用和训练积极性；在新时代体教融合的大趋势下，我们努力将目光聚焦国际视域，通过参加和承办国际邀请赛、接待外国考察观摩团等，来增强国际间的体育文化交流，学习并尝试研究剖析足球技术发达国家青少年人才的培养模式，结合学校多年来的足球特色教育积累，探索与国际化训练模式接轨的新方法。

（4）构建"多样化"足球人才培养体系。围绕着体教融合的培养方向，切实发挥足球传统学校的选拔和培养功能。学校坚持全年训练，切实做到"冬练三九，夏练三伏"，冬天到南方参加冬训，全年休息不超过10天。目前多样化的训练体系日渐成熟，不断培养出优秀的足球人才，学校为甲级以上俱乐部培养人才400余人，为国家队、国奥队、国青队、国少队培养国字号球员百余人，从东北路小学足球训练基地走出去的正式入选国家足球队并且参加过正式国际比赛的教练员和运动员近50人。

2. 开发多维度国际视野特色主题课程体系（图5），创新校园足球高质量发展新形式

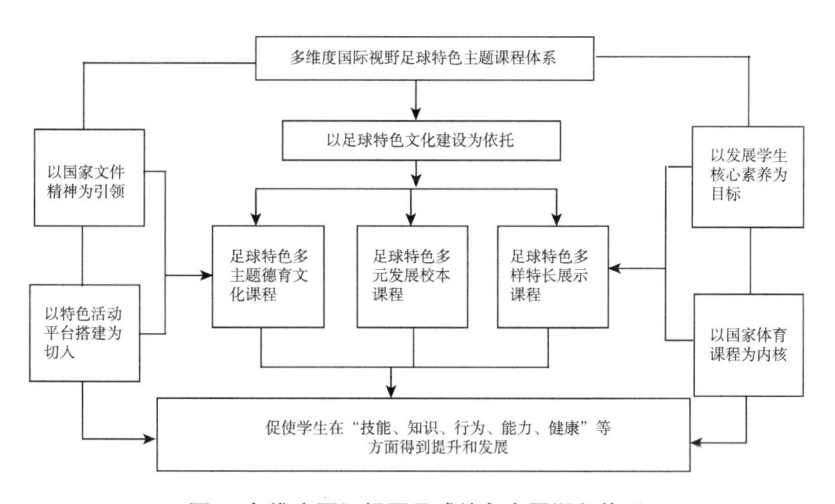

图5 多维度国际视野足球特色主题课程体系

学校不但能开放性地将足球项目纳入常规体育课程中，保证每周一节足球课，还能以国家文件精神为引领，以足球特色文化建设为依托，以国家体育课程为内核，合力开发以足球为韵的多主题德育文化课程、多元发展校本课程、多样特长展示课程等，促使学生在"技能、知识、行为、能力、健康"等方面得到提升和发展。

（1）开发建设多主题足球德育文化课程。

为进一步提升校园足球特色项目建设的优质发展，不断打造学校校园足球主题文化环境，展现校园足球文化的深厚底蕴，学校开发建设了多主题足球德育文化课程。例如，展馆里的足球荣耀德育文化主题，拥有69年历史的学校足球陈列馆见证了一代代国家足球队队员成长的历程、取得的业绩，展馆多次作为大连市校园足球发展的见证场所，接待来自日本、俄罗斯、美国等国外足球考察团；走廊里的足球明星成长历程德育文化主题，见证着足球明星从入队到成才，这一路走来所经历的种种艰辛，让学生明白任何成功都需要付出很多汗水，只有不断努力，才能登上成功的巅峰；班级足球五育融合德育主题文化，更是呈现出学生对足球的热爱……具有国际视野的足球德育主题文化建设是在学校常年足球特色教育实践的积累和夯实中形成的，它既基于学校的足球历史文化传承，又有赖于一代又一代东北路人的不断创新发展，明确校园足球特色教育发展与国际化并轨的目标，更能加强对学生足球德育主题的教育，进一步培养学生的综合素养。

（2）开发实施足球多元特色实践课程。

开发多维融合构架"1+X"足球校本课程体系。学校在全面落实国家课程计划的基础上，构建学校校园足球"普及＋提高""校内＋校外""个性＋多元""训练＋竞赛"的基本体系，完成具有学校特色的足球校本课程的构架，编制完成《足下生辉》校本教材，并加以实施。特色校本课程的开发与实施，为学生提供了个性展示的平台，也满足了学生个性化的成长需求。

开发多方联动深化"足球+跨学科主题课程"体系。通过多方联动，开发"足球+跨学科主题课程"：音乐课中"唱足球"、美术课上"画足球"、数学课上"算足球"、语文课上"说足球"、主题班队活动"议足球"……通过"足球+跨学科主题课程"体系的深化与实施，将"足球精神"逐渐向学生成长的各个方面渗透，促使学生在德智体美劳等方面得到全面发展。

（3）搭建拓展足球多样态特长展示课程。

举办多形式足球联赛。学校建立"面向人人、班班参与、校内组织统筹"的足球联赛和单项技能赛等赛事模式，以此激发学生对足球的热情，为足球实践课程实施奠定人文基础。

举办跨学科足球嘉年华。足球嘉年华期间，开展足球主题文化征文、演讲、书法等比赛，举办"校园足球论坛""足球沙龙"等活动。丰富多彩的足球文化活动，为孩子搭建多样的展示平台，为足球实践课程实施做实文化基础。

开展各层级对外展示交流活动。积极参加各层级重要赛事或承接国内外足球交流活动等，向外界展示校园足球风采和特色文化，激发孩子对足球运动的热爱，为足球实践课程的实施打下可持续发展基础。

3. 开创国际化"家校社"融合课程培养新路径，探索校园足球高质量发展新理念

按照国际化的创新发展模式，学校充分利用科教创新的资源优势、创新驱动和辐射引领作用，构建"区域足球校联盟""校社联合体"等资源共享平台，按照"资源共享、专业对接、基地共建"的运行机制，拓宽融合课程培养的新途径，做好学校、社区、家庭联动，带动社区和学校体育工作发展，引领社区人民和学生积极参与体育锻炼等。"校社"联动开展足球运动是学校联结社区体育文化活动的桥梁，是"校社"发展足球文化的一种新理念，将足球运动作为一种文化向大众推广，让人民群众真正了解足球、热爱足球，通过足球运动加强"家校社"之间的交流，也是引领未来社会文化新格局的大趋势。

（1）引入足球专家团队与教练员。学校与社区足球俱乐部、体育协会建立长期的合作关系，通过社区足球俱乐部专家团队走进校园对全校教师进行足球方面的专业培训，让全校教师都了解足球这一运动项目，以此提升校园足球文化水平、教学水平和训练质量等。

（2）建立"校社"足球俱乐部联盟。学校与社区足球俱乐部联手，签署"共建足球后备人才培训基地"的协议，共同促进校园足球联盟特色发展和学生足球技能提升等。俱乐部派遣精英教练员团队负责学校梯队建设，按照"普及＋提高＋精英"三维培养模式，对学生进行足球技术的传授、战术指导、体能训练等，保障学校学生足球技能的普及和各梯队足球水平以及体能的有效提升，达到共赢。

（3）开展"校家社"联合体竞赛。为贯彻"以球会友、全民体育"的风尚，在践行社区理念的同时，助力业余足球发展，将足球这项活动融入社区，学校会联合教练团队定期开展社区足球教学和竞赛等，如暑期兴趣班、体能业训比赛以及"校社联"足球竞赛等，积极营造社区体育氛围，刺激社区居民积极参与体育活动，激发社区活力，让更多社区居民正确认识校园足球的作用，加强校社之间的联系，不断提高社区居民的锻炼意识等。

4.融入国际智能训练手段和实施策略，实现现代科技信息智能化训练的新思想

近年来，学校为了让各训练梯队队员的技能水平、体能等得到更大的提升，借鉴了国外青少年足球训练体系，形成了独特的"阶梯式"人才培养方案，解决了单一训练模式的问题。通过引入国际化大数据前沿技术，依据各梯队、各队员的技能和体能的大数据分析，学校建立"一人一案"跟踪数据档案，为教练提供了有效训练复盘的数据资料，使得教练能够更加精准地指导训练。通过科学分析、系统训练与阶梯式成长路径，学校打造了技术精湛、战术素养高的精英梯队，为校园足球向体系化、数智化、国际化方向发展奠定了坚实基础。

四、国际视域下的小学足球特色教育实施的实践效应和价值

经过几年的实践探索,学校先后荣获"国家体育传统项目先进学校""全国青少年校园足球示范校""全国足球后备人才培养基地校""辽宁省中小学德育工作先进集体""辽宁省课改示范校""辽宁省中小学美育特色学校""辽宁省文明校园"等多项荣誉，并且积极发挥校园足球引领辐射作用，建立了区域校园足球联盟，多次承办全国、省、市、区各级足球比赛和现场会议（承办了2022年、2023年、2024年三届"东北路小学杯"国际青少年足球精英赛，全国足球发展重点城市校园足球青训人才直通车现场会，区域"区长杯"足球赛，校园足球"满天星"训练营表彰大会等）。学校的足球队在各级各类比赛中，多次获佳绩（"市长杯"四连冠、全国第七届"玛丽莱杯"冠军、中国足协第二十四届"贝贝杯"冠军以及中国足协青少年足球锦标赛全国重点城市男子U10、U11总决赛亚军等）。

学校的足球特色教育研究成果也得到了国内外各界的高度认可，各级各类参观团络绎不绝。2023年和2024年，中体联主席、教育部领导、省市委书记等领导分别到校视察工作；学校也接待了国内外多个团队到校参观，例如，中体联世界杯外国团队、全国总工会足球邀请赛各团队、辽宁省和平区足球"满天星"训练营团队等。相关领导专家对学校的足球氛围、足球文化、足球教育、足球训练、足球普及以及学生们在足球锻炼中展现出的高超球技

和良好的体育品德给予高度评价和肯定。在各级各类足球赛事中接受多家媒体采访，如新华社、中国教育电视台等。校园足球特色教育工作也多次被各大媒体进行专题报道。这些成果都为中国校园足球发展提供了经验与启示，带动了更多学校协同发展。

基于国际视域下的小学足球特色教育，立足于学校特色建设发展需要，是校园足球特色文化的优质创新，是新课程改革的有力保障。学校通过多途径、多层次实施国际视域下的小学足球特色教育，不仅能全面把握"国际化足球教育"特色品牌的内涵，还能真正帮助学生学会快乐学习、快乐生活，内化了足球精神，体验到了个体、团队成功的快乐。

参考文献

[1] 刘权贤. 基于国际视野的校园足球管理研究 [J]. 文体用品与科技，2021(08)：130-131.

[2] 赵亚男, 郭蔚蔚, 刘志云, 等. 体教融合背景下中国青少年足球赛事体系的优化路径 [J]. 上海体育学院学报，2022，46(01)：86-92.

[3] 吴祥. 校园足球的浸润式体教融合新模式 [J]. 中国教育学刊，2022(03)：107.

[4] 邱林, 秦旸. 法国青少年足球教学训练模式：理论证成与实践镜鉴 [J]. 上海体育学院学报，2022，46(07)：64-75.

[5] 蔡诚. 校园足球政策促进的国外经验与中国镜鉴：基于日本和韩国的实践 [J]. 体育研究与教育，2022，37(05)：52-57.

第二章

新课标背景下小学校园足球特色发展的挑战与应对策略

　　摘要：为贯彻落实党的十九大、二十大精神，落实全国教育大会部署，全面落实立德树人根本任务，进一步深化课程改革，2022年3月，教育部下发了《教育部关于印发义务教育课程方案和课程标准（2022年版）的通知》（简称新课标），明确要求提升学生素质，避免加重义务教育阶段学生负担。新课标的实施让教育重回校园，使学生可以从繁重的学习压力中解脱出来，参与体育运动，促进全面发展。2024年3月9日，教育部部长怀进鹏在全国两会上专门指出，要在"双减"中做好科学教育的加法，保障学生每天1小时体育锻炼，注重劳动习惯养成，采取务实管用的措施，加快实现减负提质增效，促进学生全面发展、健康成长。足球作为体育运动的第一大项目，深受全世界人们的追捧。本文深入研究了在新时代新课标背景下，小学校园足球特色发展的挑战及应对策略。通过综合分析相关理论和实践经验，指出了当前小学校园足球发展中存在的师资力量不足、场地设施有限、课程体系不完善等问题，并结合本校在校园足球领域不断探索和创新过程中遇到的机遇与挑战，提出了诸如加强师资培训、改善场地设施、优化课程体系等一系列中肯的建议，以期为全国小学校园足球的特色发展提供有益的参考。

　　关键词：新课程标准、小学校园足球、特色发展、挑战与应对

一、新课标下小学校园足球特色发展的多重内涵

在新课标的引领下,小学校园足球特色发展呈现出多重内涵。它不仅着重培养学生的足球技能,更将足球活动视为促进学生身心健康、全面发展的重要途径。足球运动,锻炼学生身体、培养学生集体意识和应变能力,提高了学生综合素质。此外,小学校园足球的发展推动了教育改革创新,将体育与教育相结合,为学生提供多元化的学习体验。同时,它也有助于增强学生的社会责任感,培养团队精神和集体荣誉感。小学校园足球还传承和弘扬了体育文化,能够培养学生的文化自信和民族自豪感。总之,小学校园足球的发展在新课标下具有重要意义,为学生的成长和发展带来积极影响。这一内涵强调多元化发展、特色化建设、教育改革以及社会责任,将足球运动与学术教育巧妙融合。通过参与足球比赛、组织足球训练活动,学生的团队合作精神、领导才能、纪律约束性和集体责任感等得到多方位均衡发展。小学校园足球特色教育以育人教育为核心,以学生的成长和成才为目标,有力地推动了教育改革成果落地。

1. 促进学生全面发展

小学校园足球特色发展中的全人教育,不仅仅关注学生足球技能的培养,更注重通过足球活动促进学生身心健康、全面发展。通过参与足球比赛、训练和组织活动,学生能够锻炼身体、提高运动技能,同时也培养了自己的创造力、组织能力和沟通能力。全人教育强调文化学习与足球运动的结合,帮助学生在学习和个人成长方面取得全面进步。这种全面的教育方式为学生的未来发展打下坚实基础,使他们成为有担当、有才能的社会公民。这与新课标中强调的全人教育理念相契合,符合培养全面发展的人才的目标。

2. 提高学生综合素质

减少学生的课业负担，增加体育、艺术等方面的活动是新课标的重要目标之一。教育部怀进鹏部长指出，要在"双减"中做好科学教育的加法，保障学生每天 1 小时的体育锻炼。这不仅要求在学生的课业上做减法，还要在有限的时间里拿出 1 小时的时间从事体育活动。足球特色教育正好为学生提供了丰富的活动选择，有助于缓解学习压力，提高学习效率。参与足球运动需要学生具备较强的身体素质、战术意识和应变能力。通过足球特色教育，学生可以在锻炼身体的同时，培养自己的思维能力、创造力和问题解决能力，从而提高综合素质。当前，新课标倡导学校发展自己的特色、学生培养自己的特长，这已成为基础教育改革的一个趋势。我国长期以来"千校一面"的单一办学模式，不利于学校优势的发挥及学生潜能的开发，助长了学校片面追求升学率的风气。"合格加特长"的办学理念能够全面提高学生素质，打造良好的教育生态。举办足球比赛、足球文化活动等，可以营造浓厚的体育氛围，培养学生多元兴趣爱好和特长，为学生们提供展示自我的平台，增强学生的凝聚力和归属感。

3. 推动教育改革创新

新课标要求减轻学生的课业负担，校园足球特色发展可以通过丰富课后服务内容，让学生参与到足球运动中来，既能锻炼身体，又能减轻学习压力。在此基础上，小学校园足球特色发展更是推动教育改革的重要途径。它通过创新教学方法、丰富课程设置和改进评价方式，培养学生的创新精神和实践能力，符合新课标的要求。将校园足球与其他学科进行体系融合、有机融合，通过跨学科的教学活动，使学生在学习足球技能的同时，也能学习到语文、数学、外语、物理等其他学科的知识，提高自身的综合素养。同时，学校采用多样化的教学方法，如游戏化教学、情境教学等，激发学生的学习兴趣，提高教学效果。小学校园足球特色教育的发展是对传统教育模式的创新。它将体育与教育相结合，为学生提供了多元化的学习体验，有助于培养学生的兴趣爱好和特长，实现个性化教育。

4.增强学生社会责任感

足球是全球最受欢迎的体育项目之一。发展小学校园足球特色教育有助于传承和弘扬体育文化，培养学生的文化自信和民族自豪感。校园足球需要加强学校、家庭和社会的协同，形成"家校社"合力，共同推动足球运动的普及和发展。校园足球旨在培养学生的社会责任感，传承和弘扬体育文化，使他们成为积极参与社会活动、传播正能量的公民。校园足球的发展也能够为国家足球事业提供更多的人才储备，为未来的足球发展打下坚实基础。

5.推进学校特色文化形成

文化是一个国家、一个民族的灵魂，也是一所学校谋求发展的根本策略。足球作为一项全球性的运动，具有丰富的文化内涵。校园足球的发展，可以让学生了解足球文化，传承和弘扬足球精神。如果一所学校没有文化，这所学校在严格意义上来说还不能算是一所学校；如果一所学校不能形成属于自己的、积极向上的特色文化，这所学校就很难有长久的生命力和核心竞争力。所以一所学校需要不断充实发展内涵，以鲜明的文化特色来提高教育的质量和效率，提高学校的核心竞争力，谋求跨越式发展，走出一条属于自己的特色和内涵发展之路。学校可以根据自身的文化背景、地域特色和教育目标，打造具有特色的校园足球文化。这不仅有助于形成学校的品牌形象，还能增强学生对学校的归属感和自豪感。校园足球活动，不但可以培养学生对足球运动的热爱，还能形成使学校具有特色的校园足球文化。

二、小学校园足球特色发展的现状与挑战

1. 发展现状

当前，国家和地方政府出台了一系列政策，支持校园足球特色发展，包括提供资金、场地、器材等。越来越多的学校采用了"健康知识＋基本运动技能＋专项运动技能"的教学模式，帮助学生掌握至少 2 项运动技能，足球是其中之一。在此基础上，很多学校开展足球文化活动，小学校园足球特色发展呈现出积极向上的态势。越来越多的学校意识到足球运动对学生身心健康和全面发展的重要性，将足球纳入学校体育课程，并积极组织各类足球活动和比赛。在一些学校，足球场地和设施得到了改善，为学生提供了更好的训练和比赛条件。同时，一些学校还聘请了专业的足球教练，提供更系统、科学的训练指导。学生对足球运动的热情也日益高涨，参与人数逐渐增加。校园足球不仅培养了学生的团队合作精神、竞争意识，还促进了学生的综合素质的提升。

2. 面临的挑战

小学校园足球特色发展不仅存在机遇，也面临诸多挑战。一些学校可能受到资金、场地等因素的限制，无法充分开展足球活动；足球教练的专业水平和教学能力也存在差异，影响了教学质量。此外，校园足球的发展还需要得到家长的支持和社会的关注。部分家长可能更关注学生的学习成绩，对足球运动的重视程度不够；社会对校园足球的认知和支持也有待进一步提高。

（1）师资力量不足：教师是校园足球发展的关键因素之一。然而，目前小学校园足球师资力量相对不足，缺乏专业的足球教练和教师。这使足球教学的质量和效果受到一定的影响。解决这个问题需要从多个层面入手，如加强足球教师的培训、提高教师的待遇，形成激励机制等，以吸引更多的优秀

人才投身于小学校园足球教育事业。

（2）场地设施有限：场地设施是开展校园足球活动的重要基础。然而，由于一些小学校园场地有限，足球场地和设施的建设相对滞后，无法满足学生足球训练的需求。这不仅限制了学生的足球训练和比赛，也影响了他们的参与热情与积极性。为了解决这个问题，学校可以积极争取地方政府和社会的支持，加大对足球场地和设施的投入，改善校园足球的条件。

（3）课程体系不完善：一个完善的课程体系对于小学校园足球的发展至关重要。目前，一些小学校园足球课程体系存在内容单一、知识结构陈旧、与教学体系不兼容等问题。这导致学生在足球技能、战术理解和比赛能力等方面存在不足。为了解决这个问题，学校应该加强与足球专业机构的合作，结合学校和区域特点，制定科学合理的课程体系，注重培养学生的综合素质和团队合作精神。

（4）教育理念偏差：是限制小学校园足球特色发展的思想因素。部分教育者对校园足球的认识过于狭隘，只注重比赛成绩，而忽视了其对学生身心发展的全面影响。这种错误的教育理念限制了校园足球的特色发展。我们需要纠正这种偏差，树立正确的教育理念，将校园足球作为培养学生综合素质的有效途径进行实践探索。

（5）资金投入短缺：是制约小学校园足球特色发展的瓶颈。缺乏足够的资金支持，导致学校无法提供良好的足球设施和培训资源，影响了校园足球的发展质量。为了解决这个问题，政府、学校和社会应该共同努力，增加对校园足球的资金投入，改善基础设施，提高教练水平，为学生创造更好的足球环境。

（6）家长和社会支持度不足：是小学校园足球特色发展面临的一个挑战。一些家长对孩子参与足球运动持保留态度，担心影响学习成绩。此外，社会对校园足球的关注度和支持度也有待提高。为了解决这个问题，我们需要加强与家长的沟通，让他们了解校园足球的益处，同时通过各种宣传和活动，提升社会对校园足球的认知和支持度。

为了推动小学校园足球特色的持续发展，需要"家校社"的共同努力。学校应加大对足球运动的投入，提高教练水平，完善赛事组织；家庭应转变观念，积极支持孩子参与足球运动；社会各界也应给予更多关注和支持，营造良好的足球氛围。只有这样，才能让校园足球真正成为促进学生全面发展的有效途径。

三、基于新课标的小学校园足球发展策略

小学足球特色发展对于培养学生的综合素质和促进身心健康具有重要意义，却在发展过程中面临着诸多困难。为解决这些问题，我们根据多年执教经验，认为可以从以下三方面系统抓起，为学生提供更好的足球教育环境，激发他们的兴趣和潜能，培养更多优秀的足球人才，促进体育与教育的深度融合，为培养全面发展的学生作出积极贡献。

1. 加强师资培训

提高足球教师的专业素养和教学能力，定期组织培训和研讨会。为教师提供系统的足球培训课程，包括足球技术、战术、规则等方面的知识。这些课程可以由专业的足球教练、专家或教育机构提供，确保教师获得全面和专业的培训。提供机会让教师参与实际的足球教学和训练，通过实践来提升他们的教学能力。组织教师参与足球比赛、训练营或与其他学校的交流活动，让他们亲身体验足球教学的实际操作。建立教师之间的合作与交流机制，促进经验分享和教学改进。组织教学研讨会、观摩课或集体备课等活动，让教师们能够相互学习和借鉴优秀的教学方法。鼓励教师保持学习的热情，关注

足球领域的最新发展和教育理念。提供相关的学习资源，如专业书籍、网络课程或研讨会，让教师能够不断提升自己的知识和技能。为教师提供激励和支持，鼓励他们积极参与师资培训，包括奖励机制、职业发展机会或提供教学设备和资源等。只有加大小学足球特色发展过程中的师资培训力度，提升教师的足球教学能力和专业水平，才能为学生提供更好的足球教育。

2. 改善场地设施

加大对足球场地和设施的投入，建立更多的高质量足球场。提供安全、舒适的环境，确保学生能够充分参与足球活动。合理规划和设计足球场地，包括场地的大小、平整度、排水系统等，确保其符合安全标准和学生的需求，以提供良好的比赛和训练条件。定期对场地进行维护和保养，包括修剪草坪、修复破损区域、清理杂物等。保持场地的整洁和良好状态，提高使用寿命。设置适当的安全设施，如围栏、防护网、软垫等，以减少意外事故的发生。确保场地没有明显的障碍物或危险区域。提供充足的照明设施，以便在低光照条件下进行活动。良好的通风系统可以改善空气质量，提供舒适的环境。考虑将场地设计为多功能区域，以满足不同的体育和休闲需求。完备的医疗保障，提供应急急救盒存放点，配齐急救设施，确保训练和比赛过程中学生的安全。可以在足球场地周围增加跑道、篮球场等设施，提高场地的利用率。寻求与学校、社区或企业的合作机会，争取资金支持来改善场地设施。可以通过赞助、捐赠或合作项目获得必要的资源。增强学生和教师对场地设施的使用和保护意识。教育他们正确使用设备，遵守规定，共同维护场地的良好状态。

3. 优化课程体系

构建科学合理的课程体系，注重培养学生的兴趣和特长。将足球与其他学科相结合，促进学生全面发展。确立明确的课程目标，包括技术、战术、体能、心理等，这些目标应该与学生的年龄和能力相适应，并与足球教育的整体目标相一致。设计渐进式的教学内容，从基础技能开始，逐渐引导学生掌握更复杂的技术和战术。课程体系应该有系统性和连贯性，确保学生逐步提升。考虑学生的个体差异，采用个性化的教学方法。根据学生的不同水平和需求，提供指导或提高要求，以激发他们的学习兴趣和潜能。例如，通过足球活动培养学生的团队合作精神、领导能力和纪律意识。采用多元的评价方式，包括技能评估、比赛表现、学习态度等，考虑他们的阶段进步和全面发展。引入现代教学方法和科技手段，提高教学效果。关注足球领域的最新发展和教育理念，不断更新和完善课程体系。

四、新课标下小学校园足球特色发展的实践探索

在新课标环境下，小学校园足球特色发展的实践探索成为教育领域的一个重要课题。通过对新课标的解读，我们认识到体育教育在培养学生全面发展中的重要性。校园足球作为体育教育的重要组成部分，不仅能够提高学生的身体素质，还能培养他们的团队合作精神和竞争意识。因此，我们需要在小学校园足球特色发展中充分融入新课标的理念，注重学生的身心健康和全面发展。同时，新课标的出台为小学校园足球特色发展提供了新的机遇。减少学生的课业负担，增加他们参加体育活动的时间，有助于提高学生对足球运动的兴趣和参与度。

1. 以专业足球教学助力校园足球可持续发展

专业足球教学是校园足球可持续发展的重要支撑。通过专业的足球教学，学生能够获得系统、科学的训练，提高自己的足球技能和水平。专业足球教学注重培养学生的足球基础技能，如传球、接球、射门、控球等，强调战术意识的培养，学习如何解读比赛、制定战术策略以及团队协作，这有助

于学生在比赛中更好地发挥个人和团队能力。除了技能和战术方面，专业足球教学也关注学生的身体素质和心理健康。合理的体能训练和心理辅导，能够提升学生的耐力、速度、力量等身体能力，培养他们的自信心、意志力。专业足球教学与学校的教育理念相结合，足球运动所蕴含的规则意识、竞争意识和合作精神等，能够在学生的成长过程中发挥积极的影响，促进学生的全面发展。为了实现校园足球的可持续发展，学校应建立完善的足球教学体系。

2. 以新颖的足球课间操推动校园足球文化发展

以足球课间操推动校园足球文化发展，对学生是一种富有创意和活力的举措。将足球元素与传统课间操相结合，为学生带来全新的体验。课间操不仅注重足球技能的培养，还要融入了音乐、舞蹈和互动的元素，让学生在参与课间操的过程中感受到足球的魅力，激发他们对足球运动的兴趣。足球课间操还可以促进校园足球文化的发展。通过集体操练，学生能够增强团队合作意识和协作能力，增强体育精神和竞技意识。同时，足球课间操的开展也为校园营造了活力和欢乐的氛围，让大家在紧张的学习之余，能够享受到运动带来的快乐。足球课间操更是校园足球文化的展示窗口。学校通过组织比赛、表演等活动，让学生有机会展示自己在课间操中所学到的足球技能，进一步激发他们的积极性和自信心。

3. 以校本特色课程促进校园足球活动蓬勃开展

校本课程是实现课程多样化的重要途径之一，"5+2"课后服务模式是指教师每周在校 5 天正常课程之外，另为学生提供每天不少于 2 小时的课后服务。学校借鉴多样化的校本课内容，在"5+2"课后服务中为学生个性发展提供平台，通过特色实践课程穿插以足球为主题的相关内容，如足球知识辩论、足球板报设计、足球口才演讲、足球摄影绘画、足球征文比赛、足球歌曲演唱，在特色活动中挖掘学生特长并加以发展。如在"校长杯"足球联赛中，教练带领足球队员设计竞赛规程、秩序册，美术教师组织学生设计队徽、队服，音乐老师排练啦啦操、足球歌曲，比赛中裁判由足球队员担任，摄影摄像、采访均由小记者校本课学生承担，把在足球活动中形成的"热情、参与、合作、拼搏"的核心文化迁移到学校日常工作中，形成热情参与、讲求合作、不断进取的积极向上的氛围，打造一个充满活力、激情四溢的校园足球文化环境，让每一个学生都能在足球运动中找到属于自己的快乐！

4. 以高水平足球赛事助力校园足球高质量发展

高水平的足球竞赛是校园足球发展的强大动力。通过组织和参与高水平的足球赛事，学校能够提升学生的足球竞技水平，培养他们的团队合作精神和竞争意识。同时，高水平的足球赛事也能够吸引更多的学生参与到足球运动中来，推动校园足球文化的繁荣。

在高水平的足球赛事中，学生有机会与来自不同学校的优秀球队进行交流和竞争。这样的比赛不仅能够检验训练成果，还能够让他们在实战中积累经验、提高技能。此外，高水平的足球赛事还能够为学生提供一个展示自己才华的平台，增强他们的自信心和荣誉感。除了对学生个人的成长和发展具有积极影响外，高水平的足球赛事还能够促进校园足球文化的建设。学校可以通过组织比赛、举办足球文化节等活动，营造浓厚的足球氛围，让更多的学生了解和喜爱足球运动。同时，高水平的足球赛事也能够吸引更多的社会关注，提升学校的知名度和影响力。

在新课标背景下，我们将坚定地迎接小学校园足球特色发展中面临的挑战，怀揣着对足球的热爱与执着，努力探索并实施有效的策略，贯彻落实习近平总书记特别强调的"青少年校园足球现在开始推广和普及起来，还要久久为功"的重要讲话精神。我们坚信，校园足球一定会实现中国足球未来的愿景，而这一切，都需要从现在开始，从每一个有梦想、有担当的教育人、体育人、青少年和好家长做起。多方面持之以恒、共同努力，在这个充满希望的时代，为孩子们创造一个充满活力与激情的足球环境，共同为校园足球加油。

参考文献

[1] 中共中央办公厅 国务院办公厅印发《关于进一步减轻义务教育阶段学生作业负担和校外培训负担的意见》.

[2] 教育部办公厅 关于印发《全国青少年校园足球教学指南（试行）》和《学生足球运动技能等级评定标准（试行）》的通知.

[3] 教育部：推行课后服务"5+2"模式 每周5天每天至少2小时.

[4] 教育部：《教育部关于印发义务教育课程方案和课程标准（2022年版）的通知》.

第三章

以校园足球多元价值助推学生身心智全面协调发展解析

摘要：本文深入探讨校园足球的多元价值，从提升学生身体素质、促进心理发展、培养团队精神与纪律意识、发挥教育功能以及对学生未来发展的影响等多方面进行详细阐述。通过对相关理论的研究、实际案例的分析以及与其他运动形式的对比，揭示校园足球在学校教育中不可替代的作用。同时，对校园足球的未来发展与挑战进行了深入探讨，为进一步推动校园足球的发展提供理论支持和实践指导。

关键词：校园足球；多元价值；身体素质；团队精神；教育功能

足球，作为全球热门运动，在校园亦有着独特价值。校园足球的多元价值，近年来备受关注。它不仅是一项体育运动，更是促进学生身心智全面协调发展的关键力量。从身体素质的提升到心理韧性的培养，从团队协作能力的锻造到思维能力的拓展，校园足球以其独特魅力，为教育领域带来新的视角和机遇。本文旨在深入剖析校园足球多元价值，为学生的全面成长探索新路径，推动校园足球更好地发展。

一、校园足球：锻造学生强健体魄新路径

校园足球与学生身体素质的关联一直备受关注。研究表明，校园足球在学生体能提升、身体发育及健康生活方式养成方面成效显著。其不仅强化学生的耐力、速度和力量，更在身体成长关键期发挥重要刺激作用，促使学生远离不良习惯，为健康成长筑牢根基。

1. 体能提升：校园足球助力学生强健体魄

校园足球在学生体能提升方面发挥着重要作用。足球运动需要学生进行大量奔跑、冲刺、跳跃等动作，这能够全面锻炼学生的耐力、速度和力量。研究表明，长期参与校园足球运动的学生，其心肺功能、肌肉力量等都有显著提升。与未参与足球运动的学生相比，校园足球小球员们在体能上更具优势，他们能够在长时间的运动中保持较好的状态，不易感到疲劳。

2. 发育促进：校园足球推动学生茁壮成长

校园足球对学生的身体发育有着积极的影响。青少年时期是身体发育的关键阶段，足球运动的各种动作能够刺激骨骼生长和肌肉发育，增强身体的协调性与灵活性。众多实践证明，参与校园足球活动的学生，其身体发育更为良好。相比之下，校园足球小球员们的身高增长趋势更为明显，身体的柔韧性和平衡感也更强。

3. 生活引领：校园足球塑造学生健康生活方式

校园足球有助于学生养成健康的生活方式。与沉迷电子游戏等不良习惯相比，足球运动让学生亲近自然，享受阳光和新鲜空气，增强身体抵抗力。校园足球小球员们更易养成规律作息、早睡早起的习惯，远离电子游戏。他们在学习和生活中也表现出更高的自律性和积极性，学习效率普遍高于其他学生。

二、校园足球：助力学生抓住心理成长新契机

校园足球对学生的心理发展具有重要的影响。它为学生提供了一个释放压力、调节情绪、建立自信和磨砺意志的平台。在学校教育中，我们应该充分认识到校园足球的价值，积极开展校园足球活动，促进学生的全面发展。

1. 情绪调适与团队凝聚

校园足球为学生提供了释放压力、调节情绪的平台。在足球运动中，学生们尽情奔跑、拼搏，将学习和生活中的负面情绪转化为积极动力。同时，足球是一项团队运动，需要队员之间的密切配合和协作。在校园足球中，学生通过参与球队的训练和比赛，学会了如何与队友沟通、协作，如何在团队中发挥自己的优势，共同为球队的胜利而努力。例如，在比赛中，前锋需要与中场球员和后卫密切配合，通过传球、跑位等方式创造进攻机会；中场球员需要掌控比赛节奏，为前锋输送炮弹；后卫需要防守对方的进攻，保护球门的安全。团队合作不仅在足球场上很重要，也是学生未来的工作和生活不可或缺的能力。

2. 自信塑造与责任担当

校园足球有助于学生树立自信。在足球比赛中，学生们通过自己的努力取得进球、赢得比赛，会获得成就感和自信心。校园足球能够培养学生的责任感和集体荣誉感。每个队员都有自己的职责和任务，他们需要为球队的发展和胜利承担起自己的责任。同时，球队的荣誉也与每个队员息息相关，学生在为球队争取荣誉的过程中，会更加热爱自己的团队，增强集体荣誉感。例如，在一场重要的比赛中，队员们为了球队的荣誉，付出自己的努力，即使受伤也坚持比赛，这种责任感和集体荣誉感将成为他们人生的宝贵财富。

3.意志磨砺与家国情怀

校园足球能够磨砺学生的意志品质，同时培养学生的纪律意识。足球运动充满了困难和挑战，学生们在参与过程中需要克服疲劳、伤痛、挫折等不利因素，培养坚韧不拔的意志品质。同时，足球比赛有严格的规则和纪律要求，学生们需要遵守规则、服从裁判，尊重对手。这种纪律意识的养成，会让学生们在学习和生活中更加自律，成为守纪律、懂规矩的人。此外，足球作为一项具有广泛影响力的运动，更能够激发学生的家国情怀。在国际足球比赛中，运动员们代表着自己的国家和民族，为了国家的荣誉而战。校园足球可以通过组织学生观看国际足球比赛、开展足球文化活动等方式，让学生了解足球的历史和文化，培养学生的家国情怀。例如，在世界杯期间，学校可以组织学生观看比赛，让学生感受足球的魅力和运动员们的拼搏精神，激发学生的爱国热情。

三、校园足球：激活学生智力发展新动能

校园足球在学生智力发展中蕴含着巨大潜能。其激活的新动能体现在多个方面。如在思维拓展上，培养学生逻辑、发散与空间思维，助力他们在复杂情境中理性分析与创新思考；在认知强化上，提升注意力、记忆力与反应能力，使学生更好地应对各种挑战；在学习赋能上，提升自我学习、团队协作学习及解决问题能力，为学生未来发展奠定坚实基础。校园足球正以独特方式为学生智力成长注入新活力。

1.思维拓展：校园足球助力学生智力提升

校园足球对学生思维能力的拓展有着积极影响。在逻辑思维方面，在足球比赛中，学生需要快速分析场上形势，判断传球时机、跑位路线以及防守策略等。这一过程促使他们学会理性思考、合理推断，从而提升逻辑思维能

力。例如，在进攻时，学生要根据队友位置和对手防守布局，决定传球方向和力度，这需要严谨的逻辑分析。在发散思维方面，足球运动充满创造性，学生可以尝试不同的战术配合和技术动作。例如，在定位球战术中，学生们共同探讨多种进攻方案，激发了他们的发散思维。空间思维的锻炼也很显著，学生要准确判断球和队友、对手的位置关系，以便做出正确的决策。这种对空间的感知和判断有助于提升学生的空间思维能力。

2. 认知强化：校园足球促进学生智力发展

校园足球能有效强化学生的认知能力。在注意力方面，足球比赛节奏快、变化多，学生必须高度集中注意力，关注球的动向、队友的位置以及对手的行动。这有助于培养他们的专注度和注意力。在记忆力方面，学生需要记住各种战术、比赛规则以及队友和对手的特点。在不断地训练和比赛中，他们的记忆力得到锻炼和提高。反应能力也是认知能力的重要组成部分。在足球场上，学生需要在瞬间做出反应，如接球、传球、射门等。这种快速反应的训练能够提升学生的反应速度和决策能力。

3. 学习赋能：校园足球推动学生智力进步

校园足球为学生的学习能力赋予新动力。在自我学习能力方面，学生在足球训练中主动探索新的技术动作和战术策略，通过不断尝试和总结经验，提高自我学习能力。团队协作学习能力在足球运动中尤为重要。学生们在团队中相互交流、合作，共同解决问题，学会倾听他人意见和发挥自己的优势，从而提升团队协作学习能力。解决问题的能力也在足球活动中得到锻炼。比赛中会遇到各种困难和挑战，学生需要积极思考、寻找解决方案。这种解决问题的能力为学生今后的学习和生活奠定基础。

校园足球作为一种具有多元价值的教育方式，对于学生的成长和发展具有重要意义。它不仅能够提升学生的身体素质，促进心理发展，培养团队精神和纪律意识，还能够激发学生的家国情怀，为学生的未来奠定坚实的基础。然而，校园足球的发展也面临着一些挑战，需要政府、学校、社会等各方共同努力，例如，在加强师资队伍建设、完善场地设施、健全竞赛体系、加强安全保障等方面，为校园足球的发展创造良好的条件。只有这样，才能更好地发挥校园足球的多元价值，培养出更多优秀的足球人才。

参考文献

[1] 袁静. 论校园足球回归育人本原之思考 [J]. 广州体育学院学报，2016，36(01)：40-42，96.

[2] 侯学华. 全国青少年校园足球活动价值研究 [J]. 北京体育大学学报，2012，35(12)：77-83.

[3] 陈珂琦, 李志刚, 陈世雄, 等. 对加强校园足球课程教学体系建设的认识与建议 [J]. 中国学校体育，2015(05)：6-7.

第四章

探索新时代小学劳动教育的实施策略

摘要：本文聚焦新时代背景下小学劳动教育，旨在深入剖析其重要意义以及探寻行之有效的实施策略与实践路径。本文通过对当前小学劳动教育实际状况的精准剖析，创新地提出了设置劳动课程、创造劳动条件、达成学科融合、强化家校联手以及推进社校协同等多元策略，培育学生劳动意识、劳动能力与劳动精神，致力于促进学生的全面发展。同时，紧密结合切实的案例及相关理论，为小学劳动教育的有序开展提供坚实的理论支撑与切实可行的实践指引。

关键词：小学劳动教育；实施策略；全面发展；课程设置；校社协同

一、引言

劳动教育在小学教育中具有不可替代的重要地位。教育部多次强调，劳动教育不仅能够培养学生的实践能力和创新精神，更对学生的身心健康和全面发展具有深远影响。在当今社会快速发展的背景下，劳动教育被赋予了更为丰富和深刻的育人使命。新课程改革的理念也着重指出，劳动教育应贯穿小学教育的全过程，与其他学科教育相互融合、相互促进。这就要求教育工作者要积极转变观念，以更加创新的方式和更加坚定的决心，探索出一条适合新时代小学生特点的劳动教育之路，为培养适应未来社会发展需求的高素质人才奠定坚实基础。

二、剖析小学劳动教育的现状及突出问题

在当前的小学教育中，劳动教育呈现出多样化的态势，既有积极向好的方面，也存在一些有待改进的问题。好的方面，随着教育理念的不断更新和社会对全面发展的重视，一些小学在劳动教育方面取得了一定的进展。部分学校开始重视劳动课程的设置，配备了专门的劳动教师，为学生提供系统的劳动知识和技能培训。同时，学校会组织丰富多样的劳动实践活动，如校园种植、手工制作等，让学生在实践中感受劳动的乐趣和价值。有的学校还积极与社区合作，为学生提供校外劳动的机会，增强学生的社会责任感。

然而，小学劳动教育也存在一些问题。在课程安排方面，虽然部分学校设置了劳动课，但课时仍相对较少，难以满足学生学习和实践的需求。一些学校受场地和资源的限制，无法为学生提供多样化的劳动实践场所和工具，劳动教育的形式较为单一。在教师方面，部分劳动教师的专业素养还有待提高，教学方法相对传统，难以激发学生的积极性和创造性。在家庭方面，尽管有些家长开始意识到劳动教育的重要性，但仍有部分家长对孩子参与劳动持可有可无的态度，没有给予足够的支持和引导。此外，在评价体系上，很多学校对学生劳动成果的评价不够科学和全面，更多地侧重于劳动成果的展示，而对学生在劳动过程中的体验、态度和价值观的关注较少。

存在以上问题的原因：首先，对劳动教育的重视程度明显不足。尽管教育理念在不断更新，但在实际操作中，部分学校和家长仍将重点放在智育上，劳动教育在他们眼中往往处于次要地位。这导致劳动教育在学校教育体系中的地位不够稳固，难以得到充分的资源支持和时间保障。其次，劳动教

育课程设置存在缺陷。课程内容不够丰富，缺乏系统性和连贯性，无法满足学生不同阶段的发展需求。而且，课程安排缺乏灵活性，与其他学科的融合度不够，难以形成协同育人的效果。再者，劳动教育实践场所和资源严重匮乏。许多学校受资金、场地等限制，无法为学生提供充足的实践场地和先进的劳动工具。这使得学生在劳动实践中无法充分发挥自己的创造力，劳动教育的效果大打折扣。最后，劳动教育评价体系极不健全。当前的评价方式过于单一，侧重于劳动成果的量化考核，而忽视了学生在劳动过程中的情感体验、价值观塑造以及劳动习惯的养成等方面。这种不健全的评价体系无法全面、准确地反映学生的劳动素养，也难以对劳动教育的质量进行有效的监督和提升。

三、小学劳动教育的有效实施策略

1. 通过课程获得充分的劳动教育

在小学劳动教育中，科学合理地设置劳动课程是关键的实施策略之一。对于低年级学生，课程内容应以简单、有趣且易于操作的劳动活动为主，例如整理书包、摆放桌椅、打扫教室卫生等。通过这些基础的劳动任务，培养他们的自理能力和初步的劳动意识。中年级学生的劳动课程可以逐渐增加一些稍有难度和复杂性的内容，比如种植简单的植物、制作手工艺品、参与校园环境维护等。这能够进一步提升他们的动手能力和团队协作精神。高年级学生则可以参与更具挑战性的劳动项目，如烹饪简单的饭菜、参与校园义卖活动的组织策划、进行社区服务等，培养他们的综合劳动素养和社会责任感。

除了传统的劳动技能课程，学校还应积极开发多样的特色课程，如劳动创意课，引导学生运用科技知识创新劳动方式，比如利用智能设备进行家务管理；开设劳动文化课，讲述劳动模范的故事、了解劳动历史的演变等，让学生深刻理解劳动的价值和意义。将劳动教育与综合实践活动紧密结合也是重要的策略。学校可以组织学生参与校园农场的种植活动，让他们亲自播种、浇水、施肥、收获。在这个过程中，学生不仅学会了农作物的种植知识和技能，还能体会到劳动的辛苦与收获的喜悦。还可以开展校园义卖活动，让学生们对自己制作手工艺品、烘焙食品等进行售卖，所得收益用于公益事业。在这个活动中，学生们既能锻炼劳动技能，又能培养创新意识和市场意识，同时还能增强关爱他人、回报社会的责任感。

分年级设置不同劳动课程、开发多样课程以及与综合实践活动相结合的策略，能够让学生在不同阶段都获得充分的劳动教育，在实践中深入体验劳动的乐趣和价值，从而全面提升学生的劳动素养。

2. 以学校为主导创设劳动条件

在小学劳动教育中，学校发挥着主导作用，其中创设适宜的劳动场所和合理的劳动条件是推动劳动教育有效开展的基础。学校应充分利用自身的资源优势，积极建设校内劳动实践基地。校园中的空地是宝贵的资源，可规划为种植园，让学生亲手种下各类蔬菜、花卉等，观察它们的生长过程，体验播种、除草、施肥、收获的全过程。还可以设置养殖园，饲养一些小型动物，如兔子、鸽子等，让学生参与喂养、清洁等工作，培养他们的爱心和责任感。这些劳动实践基地为学生提供了亲身参与劳动的宝贵机会，使他们能够在实践中感受劳动的乐趣和意义。

为了保障劳动实践的顺利进行，学校有必要配备充足且合适的劳动工具和设施设备。根据劳动课程的需求，购置如锄头、铲子、水桶等简单实用的劳动工具，为学生的劳动实践提供必要的物质支持。同时，也可以鼓励学生根据实际需要，自带一些简单的工具到学校，如小剪刀、手套等，这不仅能增强他们的参与感，也有助于培养他们对劳动的自主意识。

合理安排劳动时间是确保劳动教育成效的关键环节。学校需要进行统筹规划，将劳动实践纳入学生的日常学习生活中。可以在课程表中专门设置劳动课时间，确保每个班级都能有固定的时间段进行集中的劳动实践活动。此外，还可以利用课余时间、周末或假期，组织学生参与长期的劳动项目，如校园绿化的维护、养殖园动物的长期观察与照料等。例如，学校可以规定每周有两个下午的课后服务时间用于劳动实践。低年级学生在这段时间内可以进行简单的教室清洁和整理；中年级学生可以前往种植园进行浇水、除草等工作；高年级学生则可以参与养殖园的管理或者参与校园设施的维护。这样的统筹安排，让每个学生都能在不同的时间段，根据自己的年龄和能力参与到相应的劳动实践中，从而保证他们都能获得充分且有意义的劳动体验，真正落实劳动教育的目标。

学校通过建设劳动实践基地、配备工具设备及合理安排劳动时间，为学生创造良好的劳动条件和实践机会，扎实有效地开展劳动教育，促进学生的全面发展。

3. 以学科融合推进劳动教育

在小学劳动教育中，重视学科之间的融合是一项极为重要的策略，能够充分挖掘各学科中的劳动教育元素，实现全方位育人。

在语文教学中，可以在课文讲解中融入劳动教育。例如，在学习《悯农》这首诗时，引导学生体会农民劳作的艰辛，从而懂得珍惜劳动成果；在阅读描写手工艺人的文章时，让学生了解各种传统手工艺的制作过程，感受劳动创造的美。数学学科也不乏劳动教育的切入点。比如，在学习测量和计算面积时，可以让学生实际测量校园内的菜地面积，计算需要种植的作物数量；在学习统计知识时，组织学生调查班级同学参与家务劳动的情况，并进行数据分析。科学课更是与劳动教育紧密相连。在讲解植物生长的课程时，带领学生在校园种植园里亲自种植、观察和记录；学习简单机械原理时，让学生动手制作一些小型工具，如简易杠杆、滑轮装置等，用于劳动实践。

开展跨学科的劳动教育主题活动能进一步强化教育效果。例如,以"校园农场的建设与管理"为主题,语文老师指导学生撰写观察日记和宣传文案,数学老师帮助计算成本和收益,科学老师讲解土壤、气候等知识,共同引导学生完成从规划、种植到收获、销售的全过程。再如,"环保小卫士"主题活动中,语文老师组织学生创作环保标语和宣传短文,数学老师计算资源回收的效益,科学老师讲解环保的科学原理,培养学生的环保意识。

为了更好地在学科教学中融入劳动教育,加强教师培训至关重要。学校要定期组织教师参加关于劳动教育的培训课程,邀请专家举办讲座,分享劳动教育的前沿理念和成功案例,提高教师对劳动教育的认识。同时,开展校内的教研活动,让教师们分享在各自学科中渗透劳动教育的经验和方法。例如,一位数学老师分享了如何在教授图形面积计算时,让学生通过计算自家房间的面积,体会劳动中的规划和布局;一位科学老师讲述了在实验课上,引导学生制作简易净水器,培养学生动手解决实际问题的能力。通过这些培训和交流活动,教师们能够不断提升自身的教学能力,在学科教学中自然而然地渗透劳动教育,在学科融合中积极探索创新,为学生提供更丰富、更有效的劳动教育。

4. 家校共促劳动教育落地生根

在新时代的教育背景下,劳动教育的有效实施和落地离不开家庭与学校的紧密联手。加强家校沟通是关键的一步。学校应建立有效的家校沟通机制,通过家长会、家长学校、线上交流平台等,让家长清晰地了解学校劳动教育的目标和内容。如此,家长才能够更好地配合学校,形成教育合力。

家长要根据学生的年龄和能力,科学合理地布置家庭劳动任务。对于低年级的孩子,可以安排整理自己的玩具、帮忙摆放餐具等简单任务;中年级的学生,可以承担扫地、擦桌子、给花草浇水等工作;高年级的孩子则能够尝试洗碗、做饭、整理房间等较为复杂的家务。

家长更要以身作则，树立正确的劳动观念。正如《战国策》中所说："父母之爱子，则为之计深远。"真正的爱孩子，不是溺爱，不是包办一切，而是让孩子在日常生活中获得劳动能力。让孩子明白，劳动是生活的一部分，是实现自我价值、独立成长的必要途径。积极开展家庭劳动教育活动，如亲子共同种植花草、一起制作传统美食等。这样的亲子劳动体验，不仅能增强孩子的劳动乐趣和自信心，还能增进家庭成员之间的感情，营造温馨和谐的家庭氛围。例如，在一次亲子包饺子活动中，孩子在家长的指导下，学会了擀皮、包馅，不仅体验到了劳动的成就感，还感受到了家庭的温暖。又如，在家庭大扫除中，孩子和家长分工合作，共同完成清洁任务，培养了孩子的责任感和团队合作精神。家校携手，共同重视劳动教育，让劳动教育融入孩子的日常生活，才能真正促进孩子的全面发展。

5. 劳动教育要融入社会之中

在当今的教育体系中，劳动教育不应局限于校园和家庭，而应放眼社会，加强学校与社会的协同合作，为学生开辟更广阔的劳动实践空间。

拓展校外劳动实践基地是劳动教育走向社会的重要一步。学校可以与社区、企业、农场等建立紧密的合作关系。比如，与附近的农场合作，让学生参与农作物的播种、灌溉、收割等全过程，亲身感受农业劳动的艰辛与喜悦；与企业合作，安排学生参观工厂生产线，了解产品的制造流程，甚至参与简单的生产环节。以大连市沙河口区为例，学生们每到五年级，教育局和学校会组织学生到普兰店花儿山乡的农村开展为期一周的学农活动。在那里，孩子们亲手种植蔬菜、喂养家禽，真正融入农村的生产劳动中。他们在烈日下劳作，体会了农民的不易，也在收获的时刻感受了劳动带来的满足和自豪。

积极参与社区服务活动也是劳动教育的重要内容。学校可以组织学生参与垃圾分类宣传活动，让他们向居民讲解垃圾分类的重要性和方法，培养环保意识和社会责任感；组织关爱弱势群体的活动，如陪伴孤寡老人、为残障儿童提供帮助等，让学生在付出中学会关爱他人。

开展职业体验活动同样具有重要意义。可以安排学生到工厂、商店等地进行短期的职业体验。比如，让学生到超市当一天收银员，了解商业服务行业的工作流程和劳动要求；让学生到工厂车间观察工人的操作，感受工业生产中的劳动纪律和团队协作。通过这些体验，学生能够深入了解不同职业的人的劳动特点，为未来走向社会做好准备。

此外，学校还可以与社会组织、公益机构开展合作。例如，与环保公益组织共同举办环保劳动活动，让学生参与到河流清理、植树造林等项目中；与慈善机构合作，组织学生参与义卖活动，将劳动成果转化为对他人的帮助。通过这些合作，学校能够获得更多的社会资源支持，为劳动教育的开展提供更丰富的条件。将劳动教育融入社会，不仅能够丰富教育内容和形式，更能让学生在真实的社会环境中锻炼自己，培养劳动精神和社会责任感，为他们的未来发展奠定坚实的基础。

小学劳动教育是促进学生全面发展的关键路径，也是实现五育融合的必然要求。它的有效实施需要学校、家庭和社会的共同努力。学校要合理设置课程，为学生提供充分的劳动教育；主导创设良好劳动条件，满足实践需求；推进学科融合，让劳动教育自然渗透。家庭需与学校携手，布置家庭劳动任务，家长以身作则。劳动教育还要融入社会，拓展实践基地，组织多样活动。只有学校、家庭和社会齐心协力，形成强大的教育合力，才能让小学劳动教育真正发挥作用，助力学生成长为全面发展、适应社会需求的新时代人才。而劳动教育之路，没有终点，只有不断探索与前行；未来，我们期待更多精彩的可能。

第五章

校园足球现状的探索、思考与策略

结合《辽宁省关于加强青少年校园足球工作实施方案（试行）》（辽校足组发〔2023〕3号）文件要求，东北路小学校园足球深化体教融合机制，推进青训体系改革，共同完善足球特色学校建设标准、遴选机制、质量评估等工作机制，持续推动新时代校园足球工作高质量发展。虽我省校园足球发展进入了"快车道"，也取得了显著成效，但在中国足球尤其是职业足球以及国字号球队连续受挫的严峻形势下，作为中国足球基础建设重要组成部分的校园足球，也亟待补齐短板，要在促进青少年健康成长和培育校园足球文化以及培养足球人才等方面取得新突破。

一、基本情况

大连市沙河口区东北路小学始建于1926年，时为圣德小学，1946年收归国有，1961年定名为东北路小学。学校是一所拥有98年办学历史、文化底蕴深厚、足球特色鲜明的对外开放窗口学校。学校坐落在大连市主干道东北路旁，占地面积24900平方米，建筑面积13800平方米。教学设施齐全，绿化覆盖率极高。东北路小学作为大连市足球项目的优势学校，一直高度重视校园足球工作，具备厚重的足球体育基础。多年来，学校秉承"以美育人"

的办学传统，形成了以"弘扬足球文化，促进学校发展"为主基调的办学特色，通力打造具有足球特质的学校优势品牌。学校荣获"全国校园足球特色学校""辽宁省青少年校园足球工作优秀特色学校""大连市校园足球示范校"3级认证。学校先后获得过国际、国内足球儿童赛冠军40余次；为甲级以上足球俱乐部培养人才400余人；为国家队、国奥队、国青队、国少队培养国字号球员百余人。几乎每一届国家男子足球队中，都有来自东北路小学的球员。学校享有"足球明星的摇篮""足球黄埔"等美誉。

东北路小学十分重视"体教融合""五育融合"。立足校园足球项目优势，将不同学科、不同活动、不同特色围绕足球这个点串联起来，建构起相互衔接贯通的课程体系，实现"以球育德、以球健体、以球促智"。通过足球，学校培养学生强健的体魄；顽强拼搏、永不放弃、团结协作、相互配合的意志品质；集体主义精神、爱国主义情感、社会主义核心价值观等。学校不断完善五育融合课程体系，努力提升办学品质，学校的社会影响力、社会美誉度不断增强，引领辐射作用日益突出。让"每一个孩子都健康，每一个孩子都阳光"的良好效果，有效促进了学校、教师、学生、家庭的和谐发展。

学校成立"一把手"任组长的足球工作领导小组，规范校园足球过程管理，加强运动场地维护和相关硬件配备。学校通过"梯队建设+体教融合+组织保障"等方式，推动校园足球高质量发展；拓展选拔渠道，厚植梯队建设底蕴；建立幼小梯队建设体系，完善选材标准，平均每年选拔足球特长生20人左右。学校搭建发展平台，打造教体融合品牌，丰富创建载体，强化组织保障，夯实足球发展基础。完善校园足球运行机制，多渠道筹措资金，不断满足校园足球活动需求。在大连市沙河口区教育局的政策扶持下，学校打造足球升学"一条龙"培养模式，为每一位小球员建立个人档案，跟踪其成长和发展；与市专业足球俱乐部合作，打通优秀球员的职业绿色通道，切实发挥东北路小学足球人才的选拔和培养功能。

优化整合体育教师、足球教练员队伍资源，切实抓好以足球为主的教学科研、培训等工作。学校体育教师、足球教练员定期参加中国足协、大连市足协、大连市教育局、大连市体育局等组织的各级各类培训；学校每周二、周四下午进行集体备课、集体教研，在探讨中促进教练员及教师执教水平的不断提升。我们将校园足球深度融入办学治校的各个环节，有效集蓄校园足球发展的动能。学校课题"国际视域下的小学足球特色教育研究"作为辽宁省社科类课题成功立项，我们要通过科研引领培养造就更多体育锻炼和文化学习协调发展的时代新人，要持续加强校园足球的系统性设计和一体化推进，完善校园足球的教学体系、训练体系、竞赛体系和支撑体系，让学校走出一条以足球打造品牌的高质量发展之路。

场地情况：东北路小学现拥有一个人造草坪足球场、一个标准的篮球运动场以及一个室内体育馆，体育运动设施齐全。2018年10月，新的足球场投入使用，其面积达1万平方米，具备举办标准国际足球赛事的条件。足球场除极大地满足了全校师生体育活动需求，还多次承办国际、国内重要竞赛和活动。2004年，大连市沙河口区教育局专门投资修建了东北路小学足球陈列馆，其中记录了东北路小学足球工作发展的历程和取得的荣誉。足球文化带动特色发展，领操台旁的石雕本色足球和绿荫丛中的石雕彩色足球，显示着学校浓浓的足球氛围；手执足球的小球员雕像，讲述着一代代足球人的成长故事；走廊内随处可见的足球装饰、班级足球主题的内外橱窗彰显着无处不在的足球文化。特别是我们创作的颇具时代气息与韵律之美的《四季秋韵》校园足球操，让学生们深刻而具象地感受到足球艺术之美。

教学情况：东北路小学目前最大的优势在于与足球俱乐部合作，多位专业足球教练员进驻校园，实现足球普及与足球技能提高并重。学校聘请具有专业教练资格的教练员 10 名，其中 1 人取得中国足协 B 级教练员资质、9 人取得 C 级教练员资质。主教练柳忠云和他的教练员团队在 20 世纪 80 年代进驻学校，扎根学校 40 年。教练员除负责日常足球训练外，按照国家校园足球文件精神，还负责每周一节的足球课。1—2 年级每班每周一节独立的足球课，这意味着学生从一年级入学起就接受了专业的足球启蒙；随着年龄的增长，3—6 年级每周同上 1 节足球大课，从启蒙逐步过渡到足球技战术以及足球规则、足球知识学习等。东北路小学全面落实国家"双减"政策的要求，在开足开齐课程的基础上，坚持多方联动、体教融合，合力开发了以足球为韵的特色校本课程，不仅推动了课程改革，更为搭建特色融合的足球课程体系带来了新的有利契机。比如，音乐课中"唱足球"、美术课上"画足球"、数学课上"算足球"、语文课上"说足球"、班队活动"议足球"、课间操"跳足球"等。围绕足球，学校教师的视野在开阔。以足球明星命名的中队开展形式多样、丰富多彩的足球主题竞赛活动，将"足球精神"潜移默化根植于学生的内心深处。

训练情况：学校一直保持 8 支训练梯队，其中有 6 支年龄组梯队、1 支守门员队伍、一支女足梯队，每个年龄组的队伍人数在 20 人左右。坚持每天进行全员足球素质训练，校队月累计训练 40 多小时，全年休息不超过 10 天；坚持 20 几年利用寒假赴南方进行约 40 天的冬训；小球员全年训练时间在 300 天以上。东北路小学的教练员实行轮转制，即每个教练在一支球队执教一年，其目的是能让小球员们去适应不同的足球风格，为将来的发展打下坚实的基础。东北路小学作为全国校园足球布局中心校、大连市校园足球中心校，承担着大连市沙河口区校园足球"满天星"训练营营区任务，接纳来自全区各个学校的球员及教练员的训练、培训，传授专业的足球技战术及多年来形成的足球工作经验，实现共同发展。

竞赛情况：作为全国校园足球特色学校，东北路小学积极发挥引领辐射作用，建立了沙河口校园足球联盟，多次承办区、市各类足球竞赛，特别是连续承办了三届"东北路小学杯"国际青少年足球精英赛，同时加强与兄弟校的联系交流，扶持和帮助足球普及，每年都组织2至3次友谊赛，并定期选派教练员对学龄前儿童开展足球认识启蒙和兴趣引导，起到了很好的示范带动效果。除了日常训练，学校每年组织春秋两季"校长杯"比赛，积极参加"区长杯""市长杯""足球训练营""国际邀请赛"等各级各类赛事活动，球员们全年人均比赛30场以上。比赛大大提高了队员的身体素质和队伍的技战术水平，拉开了与同年龄段小球员的差距。近两年，东北路小学在足球竞赛和足球文化建设等方面又取得了新的突破，荣获"市长杯"四连冠、荣获全国第七届"玛丽莱杯"冠军、荣获中国足协第二十四届"贝贝杯"冠军、代表大连市参加全国重点城市比赛夺得男子U10和U11两个亚军等。同时，我们在足球科研建设方面也取得了非常优异的成果。

二、存在的问题及解决路径

校园足球的根本意义是普及与发展。让更多的学生了解并参与到足球中来，扩大校园足球人口基数，让这项运动在校园中得到普及，培养学生强健的体魄和健全的人格魅力是校园足球的根本目的。足球作为学校体育的重要部分，因为场地、师资、平台搭建等一系列原因，没有得到多方的共同支持与重视，存在一些问题，有巨大的提升空间。

必须领悟和落实体育锻炼应遵循的"享受乐趣、增强体质、健全人格、锤炼意志"四个理念和要求，不能只注意足球技能的学习掌握而不注意身体素质的整体发展和体质的增强，不能只注重技能和身体素质而忽视足球文化的营造，不能只注意教学、训练而不注意竞赛体系的构建，不能让教法仍然停留在竞技人才培养的传统方式上，要学会引入先进理念和方法。要协调各个方面的因素，真正体现"教会、勤练、常赛"。

足球运动存在一定的风险，学校需要确保学生在运动中的安全，在配备更加全面的保险的基础上，制定完善的安全措施，如提供合适的装备、进行安全教育等。通过合理安排课程和活动时间，确保足球运动不会对学生的学习产生负面影响。学校通过家长会、宣传活动等方式，提高家长对足球运动的认识和支持度，让家长了解孩子未来发展方向，明确即使将来不能从事足球事业，也一定是社会各行各业的精英人才。学校通过举办形式各异的比赛、足球趣味活动等方式，提高学生对足球运动的兴趣和参与度。

作为全国校园足球中心校和大连市足球基地校，学校要不断开拓发展，就要解决足球队硬件建设有待提升、场地需要持续跟进维护等诸多实际问题。目前学校多方筹措，寻求政府、企业或社会组织的资金支持，争取多渠道解决校园足球发展中的现实困难。

三、发展愿景

学校在不断加强师资建设的基础上，要力争与中国足协等级教练员培训体系相接轨。要更好地调动各地资源，将具有良好足球运动经历、通过教练员培训的退役球员聘请到足球特色学校任教，为孩子们打好足球启蒙基础。

进一步明确校园足球发展的重点任务，提高校园足球普及水平，深化足球教学改革，加强足球课外训练，完善校园足球竞赛体系，畅通优秀足球苗子的成长通道。校园足球最重要的是要打造一种校园足球文化，一边普及足球运动，一边制定提高足球水平的具体目标。

校园足球的最终目标，是要培养一大批喜欢足球、热爱足球的各行各业的社会精英人才和一批有着扎实文化根基的优秀足球运动员。

扎扎实实做好草根足球和青少年足球发展工作，立足校园足球实情和特点，建立一套青少年后备人才培养体系，制订长期发展计划，通过高质量的教练员培训，做好高水平的青少年选拔和培养工作，让校园足球在普及足球文化、扩大足球人口的层面发挥更积极的作用。

校园足球最需要做好的事情就是教体结合，借鉴国外的发展经验，探索和建立起符合辽宁校园足球发展实际和特色的青训体系。打破以往教育和体育系统的赛事壁垒，推动辽宁青少年足球联赛落地。以联赛为基准，实现地方赛事与全国赛事乃至国际赛事的有序衔接，从而建立稳定的青少年赛事体系。

助力学生在足球运动中享受乐趣、增强体质、健全人格、锤炼意志。继续践行校园足球已总结形成的"教学是基础、竞赛是关键、体制机制是保障、育人是根本"的发展理念，维持实践中凝练的教会、勤练、常赛"三位一体"和面向全体普及推广、面向精英培养专长的"一体两面"推进格局，着力将校园足球打造成为辽宁足球基础工程和新时代立德树人的育人工程。

作为大连市足球基地校，学校将继续厚植足球特色文化，坚持面向人人、全面发展与尊重个性的发展模式，以足球育人为核心，充分挖掘足球在学校发展历史上积淀形成的浓厚的文化底蕴。未来，我校还将目光投向国外，结合足球发达国家先进的经验做法，扎实推进学校各项工作。

十年靠制度，百年靠文化。文化的浸润是推进校园足球恒久发展的不竭动力。下一步，我们将紧紧围绕"以球育德、以球健体、以球促智"的校园足球文化理念，持续加强校园足球的系统性设计和一体化推进，不断夯实校园足球的教学体系、训练体系、竞赛体系和支撑体系，以"全面育人，扩大足球人口、提高足球竞技水平和切实深化体教融合"为历史重任，不忘初心、履职担当、践行使命，让千千万万的孩子在拼搏、努力、汗水和荣誉中喜欢上足球、热爱足球。贯彻落实习近平总书记特别强调的"青少年校园足球现在开始推广和普及起来，还要久久为功"的重要讲话精神。我们将和全省各级各类学校共同探索，以更加诚恳的态度、更加积极的心态、更加扎实的作风做好校园足球各项工作，创建校园足球特色样板学校。未来，我们有信心成为中国少年足球的一面旗帜，更努力成为中国足球的一份希望。

第六章

青少年足球人才培养模式的系统建构与实践应用研究

一、选题依据

1. 基于中国足球现状探究青少年足球人才培养模式系统建构的必要性

虽然中国足球在过去几十年中曾取得过一些成绩，但近来中国足球在国际比赛中的表现不尽如人意，这反映出中国足球整体水平相对较低。目前，中国足球的基础相对薄弱，中国足球的普及程度相对较低，足球人口相对较少，这导致了中国足球人才的相对匮乏。此外，中国足球的基础设施建设相对滞后，足球场地、器材等资源相对不足，这制约了中国足球的发展。中国足球的青训体系也存在一些问题，例如，青训教练的水平相对较低、青训教材不够科学、青训赛事不够规范等。这些问题导致了中国足球人才的培养质量相对较低。

基于中国足球的现状，系统建构青少年足球人才培养模式十分必要。首先，青少年足球人才培养是提高中国足球整体水平的关键。培养优秀的青少年足球人才，能够提高中国足球的竞技水平，提高中国足球在国际足坛的地位。其次，青少年足球人才培养是提高中国足球普及程度的关键。培养优秀的青少年足球人才，能够吸引更多的人参与到足球运动中来，提高中国足球的普及程度。再次，青少年足球人才培养是完善中国足球青训体系的关键。建构科学合理的青少年足球人才培养模式系统，能够提高中国足球青训的质量，提高中国足球人才的培养质量。最后，青少年足球人才培养是促进中国足球文化发展的关键。培养优秀的青少年足球人才，能够普及足球文化，提高中国足球的文化氛围，促进中国足球产业的发展。

2. 国内外相关研究的学术史与动态分析

国内外对于青少年足球人才培养模式的研究已经取得了丰硕的成果。国外对青少年足球人才培养模式的研究可以追溯到20世纪60年代。当时，一些欧洲国家开始建立足球青训营，通过科学的选材和训练，培养出了一批优秀的足球人才。随着时间的推移，足球青训营的数量和质量不断提高，成为欧洲足球发展的重要基石。在国外，青少年足球人才培养模式的系统建构与实践应用研究已经相对成熟。许多国家都建立了完善的足球青训体系，通过科学的选材、训练和比赛，培养出了大量优秀的足球人才。例如，荷兰、西班牙、德国等国家的足球青训体系就非常成功。

国外的研究成果主要集中在足球青训体系的建立和完善方面。例如，荷兰的阿贾克斯青训营、西班牙的巴塞罗那拉玛西亚青训营、德国的拜仁慕尼黑青训营等都被认为是世界上最成功的足球青训营之一。一些足球强国如德国、巴西等，注重职业化培养，从娃娃抓起，建立了完善的青训体系。这种模式的青训体系科学完善，能够为国家队和职业联赛输送大量优秀球员，但需要高度的专业化投入，很难被其他国家效仿。

国内对青少年足球人才培养模式的研究相对较晚。20世纪90年代，中国足协开始重视足球青训工作，推出了一系列青训政策，鼓励各地方足协、俱乐部和学校开展足球青训工作。同时，国内也有一些专家学者对青少年足球人才培养模式进行了研究，提出了一些新的理念和方法。国内的研究成果主要集中在足球青训政策和理念方面。例如,中国足协推出的"足球进校园"政策,旨在鼓励更多的学校开展足球运动,培养学生的足球兴趣和技能。在国内,青少年足球人才培养模式通常采用"举国体制",政府主导并结合市场力量,通过体校、足球学校、俱乐部等多种形式进行人才培养。这种模式的优点是能够快速提高国内足球整体水平,为国家队和职业联赛提供更多的新鲜血液,但也存在着过于依赖政府投入、市场机制不够完善、培养成本高、选材面窄等问题。此外,国内一些专家学者也提出了体教结合的理念,即通过体育和教育的结合,培养出全面发展的足球人才。

目前,国外对青少年足球人才培养模式的研究主要集中在选材标准、训练方法、比赛安排、心理素质等方面,国内对青少年足球人才培养模式的研究主要集中在青训政策、体教结合和科技应用方面。总体而言,国内外的研究都强调了青少年足球人才培养的重要性,并提出了一些不同的培养模式和建议。此外,不同国家和地区的文化、教育和社会背景也会对培养模式产生影响,因此需要因地制宜地制定适合本国的培养方案。

国内外相关研究的学术史和研究动态分析表明,青少年足球人才培养模式的研究具有重要意义。目前,国内外在青少年足球人才培养方面取得了一定的成果,但也存在一些问题和挑战。为了推动中国青少年足球事业的发展,提高中国足球水平,我们有必要制定适合中国国情的青少年足球人才培养模式。通过制定具有中国特色的培养模式,我们能够充分发挥自身优势,弥补不足,培养出更多具有中国特色的优秀足球人才,为中国足球的未来奠定坚实基础。这不仅是培养优秀足球人才的需要,也是促进中国足球产业发展、提升国家体育实力的重要举措,为国家的繁荣和民族的振兴作出积极贡献。

3. 本课题的独特学术价值与应用价值探讨

从学术价值角度来看,本课题的研究有助于丰富和完善体育教育领域的理论体系。深入分析和探讨青少年足球人才培养模式，能够为学界提供新的研究视角和理论依据，推动该领域的学术进步。研究过程中对培养模式的构建和优化，将促进相关学科的交叉融合，激发更多创新思维和研究成果。此外，对青少年足球人才培养过程的深入研究，能够揭示青少年身心发展特点与足球技能培养之间的关系，为后续研究提供重要的参考和启示。

在应用价值方面，本课题的实践具有现实意义。首先，科学合理的培养模式能够提高青少年足球人才的培养质量和效率，为国家输送更多优秀的足球后备人才。系统的培养能够挖掘青少年的潜力，培养其足球技能、团队协作能力和竞技精神，为我国足球事业的长远发展奠定坚实基础。其次，良好的培养模式有助于促进青少年的全面发展，使其不仅在足球技能上得到提升，还能在身体素质、心理素质等方面得到综合锻炼，为他们的未来发展提供更多可能。再者，本课题的应用能够带动足球文化的传播和普及，激发更多青少年对足球的热爱和参与，提升整个社会对足球运动的关注度和支持度。最后，为足球培训机构、学校等提供可借鉴的模式和经验，推动我国青少年足球培训体系的不断完善和优化。

二、研究内容

1. 研究问题

本课题聚焦"青少年足球人才培养模式的系统建构和实践研究"，核心研究从多维度展开。

（1）剖析不同年龄段、不同竞技水平青少年足球运动员身心发展特点，旨在明晰青少年各阶段成长规律，挖掘适配的训练时机与方法，解决"何时教、如何教"的困惑，为因材施教筑牢根基。

（2）探究足球教练员执教理念、专业素养提升路径，应对"怎样高质量引导球员成长"问题，填补教学指导策略的空白。

（3）深挖校园足球在课程、训练、竞赛组织上的优化方向，破解"在哪练、练什么、怎么赛"难题，构建协同育人环境，整合资源，服务人才培养。

2. 研究对象

本课题旨在解决"如何科学建构并高效应用青少年足球人才培养模式"这一核心问题，围绕此问题展开对多层面研究对象的剖析。

（1）聚焦青少年足球运动员个体，涵盖不同年龄段与不同竞技水平球员。他们作为培养模式的核心主体，其身心成长轨迹、足球潜力挖掘路径、技能进阶策略皆是被重点关注的内容。

（2）着眼足球教练员群体，因其执教理念、教学方法、专业素养直接关联培养成效，故纳入研究范畴。

（3）将各类足球专业机构与开展足球教育的学校作为整体考量，研究其课程规划、训练体系搭建、竞赛组织模式等。

（4）综合考量培养效果评估相关因素，诸如运动员成长情况、竞技水平提升幅度、综合素质发展维度，以及社会环境熏陶、家庭支持力度、教育资源调配等外部条件对培养模式的综合影响。

通过对以上研究对象全方位、深层次地进行探讨与综合分析，力求建构兼具科学性、合理性与实操性的青少年足球人才培养模式，并助力其广泛落地、持续优化升级。

3. 总体框架

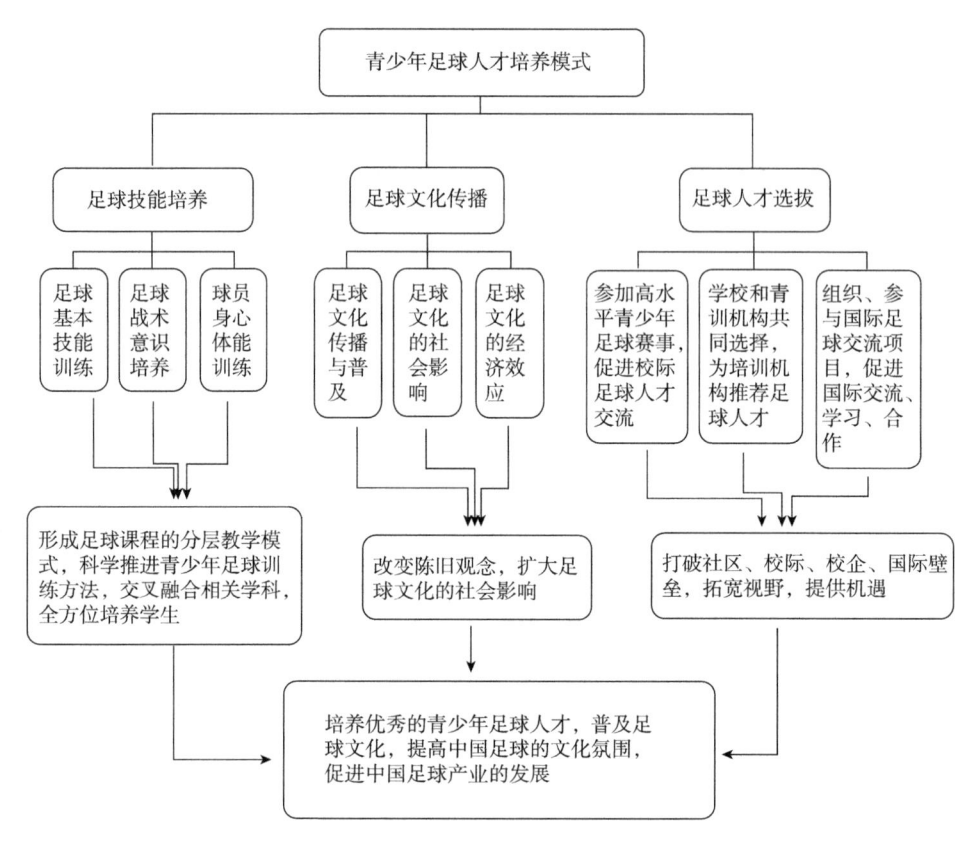

```
                        青少年足球人才培养模式
        ┌───────────────────┼───────────────────┐
   足球技能培养          足球文化传播          足球人才选拔
   ┌────┼────┐        ┌────┼────┐        ┌────┼────┐
  足球  足球  球员    足球  足球  足球    参加  学校  组织、
  基本  战术  身心    文化  文化  文化    高水  和青  参与
  技能  意识  体能    传播  的社  的经    平青  训机  国际
  训练  培养  训练    与普  会影  济效    少年  构共  足球
                      及    响    应      足球  同选  交流
                                          赛事，择，  项目，
                                          促进  为培  促进
                                          校际  训机  国际
                                          足球  构推  交流、
                                          人才  荐足  学习、
                                          交流  球人  合作
                                                才
```

形成足球课程的分层教学模式，科学推进青少年足球训练方法，交叉融合相关学科，全方位培养学生 → 改变陈旧观念，扩大足球文化的社会影响 ← 打破社区、校际、校企、国际壁垒，拓宽视野，提供机遇

↓

培养优秀的青少年足球人才，普及足球文化，提高中国足球的文化氛围，促进中国足球产业的发展

图 6 青少年足球人才培养模式

三、重点、难点

1. 重点

"青少年足球人才培养模式的系统建构与实践应用研究"的重点主要集中在以下几个方面。

（1）培养模式的系统构建，需要深入研究和分析青少年足球人才成长的规律和需求，整合各种资源，设计出科学合理、全面有效的培养体系。这包括制订适宜的训练计划，合理设置课程，以及建立科学的竞赛机制等，以确保青少年能够在各个方面得到充分的发展和提升。

（2）实践应用与效果评估。将构建好的培养模式并真正落实到实际训练中，通过实践不断调整和完善，同时运用科学的方法对培养效果进行客观准确的评估，以便及时发现问题并进行改进。

（3）需要注重结合本土特色，充分考虑我国的文化背景、教育体制等因素，探索出具有中国特色的青少年足球人才培养模式，使其更具适应性和可持续性。

2. 难点

（1）个体差异的把握是一个关键问题。每个青少年都有自身的特点和独特的发展需求，如何根据他们的差异制定个性化的培养方案，实现精准培养，是一个巨大的挑战。

（2）资源整合与协调也是一个难点。培养模式的实施需要各方资源的支持，包括教练、场地、资金等，如何有效地整合和协调这些资源，确保培养工作的顺利进行，是需要深入思考和解决的问题。

（3）长期跟踪与监测难度较大。青少年足球人才的培养是一个长期的过程，需要对他们进行持续的跟踪和监测，收集和分析大量数据，这对研究团队的能力和耐力提出了很高的要求。

（4）培养模式的创新与优化也是一个难题。随着时代的发展和变化，需要不断地对培养模式进行创新和优化，以适应新的需求和挑战。

（5）跨学科研究也是本课题面临的困难之一，需要融合多门学科的知识和方法，进行深入的研究和探索。

四、研究结论

经系统研究与实践检验，成功建构一套科学可行的青少年足球人才培养模式。于运动员层面，依年龄、水平精准定制分层培养计划，匹配对应训练课程，可助力球员体能、技能、心智协同发展，提升综合素质。针对教练员，需要形成系列且专业的培训体系，涵盖先进执教理念以及多元教学技巧的实操，执教能力可得到明显进阶。在机构与学校维度，要打造标准化课程框架、层级训练体系与多元竞赛机制，将"学、训、赛"融合起来，并且要强化实践应用。如此才能实现足球人才培养规范化、长效化，为校园足球及青训事业提供有力的范式，推动足球后备人才可持续产出。

五、创新之处

1. 在学术思想上

本课题在学术思想上具有一定的创新之处。首先，它打破了传统的青少年足球人才培养观念，不再局限于单纯的技能训练，而是将目光聚焦于青少年的全面发展，以足球为载体，培养学生的综合素质和健全人格。在培养模式上，创新性地构建了系统的体系，融合了体教融合、多元与特长融合、个性与团队融合等理念，打造出一个全方位、多层次的足球人才培养生态。这种生态不仅包括足球普及、梯队建设、训练等内容，还深入到足球文化的培育和引领，使青少年在浓厚的足球氛围中成长、成才。

同时，本课题在学术思想上强调了激发内生动力的重要性。足球作为媒介，可以激发青少年自身的积极性和主动性，让他们在热爱足球的过程中，不断发掘自身潜力，培养坚韧不拔的意志和团队合作精神。此外，本课题还关注到了地域特色对足球人才培养的影响，针对东北地区的特点，探索出适合当地青少年的足球培养路径，为不同地区的足球人才培养提供了新的思路和借鉴。这种学术思想上的创新，为青少年足球人才培养领域注入了新的活力，为推动我国青少年足球事业的发展提供了有力的理论支持和实践指导。

2. 在学术观点上

本课题的学术观点为，在青少年足球人才培养模式的系统建构和实践应用研究中，足球人才培养应是一个系统的、整体的过程。课题强调足球人才培养的系统性和整体性，认为培养足球人才需要从教育、训练、文化等多个层面进行综合考虑和设计，形成一个有机整体。课题突出以学生为中心的理念，关注学生的个体差异和需求，尊重学生的兴趣和特长，为学生提供个性化的培养方案。课题注重实践与理论的结合，通过实践应用不断验证和完善培养模式，同时以理论研究为指导，推动实践的深入开展。课题倡导多元主体参与，认为足球人才培养需要学校、家庭、社会等多方面力量共同参与，形成合力，强调可持续发展，关注足球人才培养的长远效果。这样的学术观点为青少年足球人才培养提供了全面而深入的指导。

3. 在研究方法上

在研究方法上，本课题具有独到之处。首先，采用了多学科交叉的研究方法，融合了教育学、体育学等相关学科的理论和方法，深入剖析青少年足球人才培养的规律和特点。其次，运用了实地调查和案例分析的方法，深入东北路小学校园及相关实践场所，获取真实、详细的第一手资料，为研究提供坚实的实证基础。同时，通过对比研究不同地区的足球人才培养模式，总结经验、发现问题，进一步完善本课题的研究。此外，还注重运用定量与定性相结合的分析方法，对研究数据进行科学的分析和解读，以确保研究结论的准确性和可靠性。这些研究方法的综合运用，为本课题的深入开展和创新成果的取得提供了有力保障。

此外，我们充分利用现代科技手段提高数据处理能力，同时开展实证研究，加强国际交流与合作。我们通过视频分析、数据统计等现代科技手段，对球员的技术动作进行分析和评估，从而提高训练效果和比赛水平。同时，我们也注重实证研究，通过对球员的技术动作、身体素质、心理素质等进行实证分析，为足球人才的培养提供科学依据。此外，我们还积极开展国际交流与合作，引进国外先进的培养理念和方法，同时将我国优秀的足球文化和足球人才推向国际舞台，提高我国足球的国际影响力。

第七章

以未来计，从足下始，绘就多彩教育画卷

东北路小学拥有深厚的文化底蕴与独特的足球魅力，传承与发展学校特色文化是历任校长的使命任务。

教学工作是学校发展的根基与传承主脉，决定着人才培养的品质与高度。全国教育大会明确指出"教育要为党育人、为国育才""提升教育服务经济社会发展能力"等重要理念。各级领导多次调研、视察我校，均提出打造体教融合标杆的期望与要求。东北路小学在区教育局的正确领导下，立足校情，锚定关键教学领域精准发力，在秉承校园足球这一核心特色的基础上，带动学校全方位工作协同发展。

一、理念明确：铸教学之魂

作为学校的管理者，当我们千万次沉浸于课堂之后，我们意识到一个问题：在课堂、学校，学习真实地发生了吗？学习是否真实发生是课堂教学的基本价值追求。

东北路小学精准对接学生全面发展需求，深入探索个性化、多元化、品质化教育教学路径，把学生的终身成长置于学校发展战略的核心高地。学校以校园足球为发展的核心特色，将足球运动与教育教学深度融合，以足球促

教育，以教育育人才，在教育教学过程中推动足球运动的发展，同时以足球为载体拓展教育教学的广度和深度。

培养会学、会玩、会生活的品质少年。我们追求每一名学生都能在原有的基础上有所提高、有所进步，培养他们成为积极阳光、乐观自信，保持旺盛的生命活力的青年，把他们一生的发展放在一个更大的时间尺度上进行规划，实现学生的全面发展。

二、师者精研：育教学之才

强国必先强教，强教必先强师。有高质量的教师，才会有高质量的教育。对于教师队伍建设，我们坚守"专业领航，协同共进"的理念，充分激发教师个体的内在潜能，将个人的热忱与才华融入学校的发展规划之中。

学校以落实立德树人根本任务为导向，深入学习贯彻全国教育大会精神，精准把握教育强国的科学内涵与六大特质，为教师队伍建设锚定方向。领导班子成员积极深入教学一线，以包干培养的方式进行跟踪指导，大力推进青蓝工程，充分发挥老教师、优秀教师的"传帮带"作用，形成浓厚的师徒共进氛围。学校还匠心打造了系列教学技能培养平台，如开展形式多样的教学工作坊，专注于粉笔字书写、板书设计艺术、课堂互动技巧等，助力教师锤炼扎实的教学基本功；不定期举办教学展示课、教研活动、校本研修等，营造互学互鉴氛围。

在教师素养的培养上，学校精准锚定教师成长目标，依个体与校情定制科学规划，明确方向与阶段任务。领导班子成员深入教学一线，密切关注教学动态与学情，高频次听课、评课，力保教学优质高效；以开放包容纳教师建言，亦引导其心态平和、遵循规律，稳步发展；每周组织教师分组教研，反思总结课堂教学，推动教师素养与课堂效益螺旋上升。

在青年教师的培养上，学校构建特色培训体系，多管齐下助力成长。

其一，以浸润式培育筑牢根基。思想浸润可强化青年教师理想信念，使其对标"四有好老师"严格自律；帮扶浸润能扎实推进师徒结对，让资深教师在教学技能、班级管理等多方面传经送宝；关怀浸润则从生活点滴入手，使其能全身心投入学校工作。

其二，借融合式发展拓宽路径。管理融合协同多部门为青年教师搭建展示平台；规划融合引导青年教师将个人规划与学校发展紧密相连；反思融合鼓励青年教师常态化开展教学反思，在反思与交流中不断精进教学。

其三，凭淬炼式打磨提升素养。聚焦课标研习，让青年教师精准把握教学方向；模拟实战通过校内公开课、教学比武等形式，为青年教师提供演练机会；优化展示则借助专家点评、同行互评等手段，促使青年教师不断完善教学细节，展现教学风采。

三、课程深耕：筑多元之基

我校着力打造"横向＋纵向"的多元课程结构。

横向关联是以"学科＋学科""学科＋生活""学科＋特色"为思路，将国家课程、地方课程和校本课程重组。"学科＋学科"即推动学科融合，打破学科界限，使各学科知识相互渗透。"学科＋生活"着重将学科知识与学生日常生活经验相联系，让学生运用知识解决实际生活问题。"学科＋特色"以校园足球这一核心特色为导向，发挥足球在各学科中的育人价值。

纵向层次是建立在满足学生基础性学力、发展性学力前提下的三个课程层次，即基础性课程、拓展性课程和探究性课程。课程的基础性部分面向全体学生，夯实学生的学科基础；拓展性部分面向全学科领域，拓宽学生的学习视界；探究性部分面向学习全程，促进学生深化理解。

学校在课程建设中，精准对标课标要求，将家国情怀培育与社会主义核心价值观践行融入教学点滴。课堂教学以问题为导向，着力构建素养本位的单元整体设计。引导教师巧妙运用新教材，借助真实问题、现实情境及建构式学习活动，把教学目标、任务、情境内容与评价有机整合于单元学习中。以问题链串联每个单元，构建主题探究目标体系，紧密联系学生生活实际，确保教学面向全体，兼顾共同基础与个性化需求，因材施教，让课程建设扎根于学生成长需求，扎实且富有成效。

四、评价重塑：把质量脉搏

1. 理念领航，锚定教学评一致方向

我校坚持将教学评一致性理念作为教学工作的核心指引，构建以过程性评价为主轴、终结性评价为补充的综合评价模式。组织教师深入研习课程标准，以其为纲制定各学科、各阶段教学目标细目表。集体备课中，要求教师依据教学目标设计教学环节与评价任务，保证教学活动与评价精准对应目标。教学过程步步有目标，评价处处有依据，切实落实教学评一致性要求，为教学质量提升筑牢根基。

2. 课堂探微，精准把脉学习动态

积极构建高效课堂评价体系，精心设计系列化、有逻辑层次的问题链，评价内容涵盖知识技能、学习态度和实践能力。根据不同层次问题观察学生的回答表现，从知识理解、思维拓展、应用能力等多维度进行即时评价。同时，开展小组合作评价活动，鼓励学生互评，让学生在相互评价中深化知识理解，提升学习效果。以课堂评价为抓手，精准把握学生学习动态，优化教学策略。

3. 作业赋能，双向检验教学成效

我校实施分层作业以发挥教学评多元功能。依教学目标与学情，设计基

础巩固、能力提升、拓展探究三类课后作业。基础薄弱学生着重基础巩固练习并获得针对性辅导；为学习较好的学生配置能力提升作业，强化知识运用与思维拓展；为学有余力者安排拓展性作业并给予单科或全科免写作业激励，让其参与作业与监测设计，既挖掘自身潜能又引领全体进步。作业评价结果有效促进学生自我反思与教学优化。

五、五育融合：塑全面之人

1. 德润童心

在德育工作中，我校充分利用多元场景，化教育于无形。以文化走廊、足球陈列馆、垃圾分类投放站及校园花园等为实践场，让学生于日常点滴中接受品德熏陶。同时，以德育活动、少先队活动、课堂教学、班队会为核心阵地，深度浸润社会主义核心价值观。其亮点是借助校园足球活动，充分挖掘其蕴含的拼搏、勇敢、合作的体育精神，激发热爱、争先、超越的内生动力，将德育全面融入学生学习与生活，塑造学生良好品德与健全人格。

2. 智启童真

充盈骨干教师队伍、精排高段教师队伍、狠抓青年教师队伍。近年来，学校多次承办市区教研活动、现场会等，迎接多方调研并获高度赞誉。课堂教学中，通过创新教学方法，学生的知识运用与拓展能力获得显著提升。学生在项目式学习、跨学科整合课程中，积极主动地运用知识去解决实际问题，在各类实践活动中锻炼才干，实现在生活中学习、在实践中成长，让学习与成长深度融合。

3. 体健童身

学校多次荣获国家级顶级体育类赛事冠军，并在国际交流活动中展现出稳健的体育实力与独特风貌。学校以校园足球为核心特色引领，篮球、啦啦操、跳绳等项目协同发展。校篮球队成立不久，便荣获"区长杯"冠军、"市长杯"亚军的好成绩；啦啦操队也多次在高级别赛事中荣登领奖台。这些成果切实彰显了我校体育工作的扎实成效与多元活力，也充分体现出学校深耕素质教育、助力学生全面发展的不懈努力与坚定决心。

4. 美悦童目

我校构建多维度美育体系，滋养学生心灵。一方面，打造校园文化景观与展示丰富美术作品，让学生在校园环境中随时随地感知美。学校小百灵合唱团成立后即展现实力，在大连市六五环境日东港保利剧院演出中赢得高度赞誉。民乐队从零基础迅速成长，在区艺术节器乐比赛中荣获一等奖，学校艺术节总成绩亦荣获一等奖。众多美育活动共同为学生构筑起发现美、体验美的有效平台。

5. 劳筑童行

学校全力构建家校社一体化劳动教育网络，有机串联班级、学校、家庭与社会各方资源。学校通过劳动竞赛、劳动作品展等形式，积极建设丰富且具深度的劳动实践平台，让学生在亲力亲为中真切感悟劳动乐趣，逐步掌握劳动技能，养成良好劳动习惯，于实践中深刻领略劳动之美，全方位促进学生劳动素养的综合提升，使劳动教育成为学生成长成才的有力助推器。

教学工作是学校工作的核心与命脉所在。从课程理念的深入探究到教师素养的深度培育，从课程体系的精耕细作到教学评价的优化实施，再到五育融合的扎实推进，这五大关键维度犹如一组紧密嵌合、精准传动的齿轮集群，彼此借力、环环相扣，铸就教育品质新高度。兄弟学校在教学实践中所展现出的智慧与成果，有力地推动了区域教育的高质量发展，值得我们用心去思索、去探寻、去领悟，未来的教育之路还很长，我们将继续探索前行，永不停歇。

第八章

聚微求真，笃行致远：以高品质科研引领学校内涵式发展

东北路小学的校园足球走过了 70 多年的光辉历程，于岁月中沉淀出厚重底蕴，已然化作学校最亮眼的文化名片。站在高起点上，科研工作顺势嵌入，如强劲纽带，一头联结过往实践成果，一头牵起未来育人新篇，深度挖掘了校园足球特色蕴含的教育价值，让科研扎根特色土壤，形成特色滋养科研、科研升华特色的良性循环，借特色之力赋能科研探索。近年来，东北路小学在区教育局的正确领导与区进修学校的专业指导下，精准锚定校园足球特色这一关键发展路径，深度探寻科研实践里的难点、痛点，靶向施策、精准发力，稳步推动教育科研成果从量的积累迈向质的跃升，全方位激活学校高质量发展新动能。

一、探路课题前沿，开辟学校科研新航道

1. 教师科研参与态势

东北路小学现有近 80% 的在职教师参与到课题研究中，或主持课题，或参与其中协作推进。当前，学校有省规划办、省社科类基金项目立项课题 1 项，另有省教育学会课题、市规划立项课题以及区规划立项课题若干。在各级科研成果评比、"十四五"科研成果统计里，部分老师的科研报告、论

文登上了相应刊物。

2. 核心课题基本情况

学校省级社科类课题"国际视域下的小学足球特色教育研究"与市级重点课题"中小学劳动教育实施质量的评价标准研究"颇具代表性。尤其是省级社科类课题，站位高、权威性强、攻关难度大，于基础教育领域而言，立项获批殊为不易。学校开展此课题研究期间，得到大连市教科所、大连市沙河口区进修学校的大力支持。他们参与课题指导，以专业视角精准点评，将多年经验倾囊相授，紧密结合课题组成员实际情况给出针对性建议，为研究锚定方向。学校课题组成员秉持严谨态度，积极利用网络资源，灵活借助微信群、腾讯会议等线上平台，联动线下研讨，持之以恒地推进课题研究，步步夯实研究根基，全力确保课题扎实稳步开展。

3. 课题推进赋能保障

学校科研秉持"科研兴师、科研兴教、科研兴校"理念，以不偏离学校发展主题、教育教学中心、师生主体的"坐标轴"开展工作。在实践中，推动学习与交流、科研与教研、教学与活动、普及与提高四方面紧密结合。面对省级社科类、市级重点等课题，主动摸索前行，拆解难题、积累经验，探路课题前沿，开辟学校科研新航道。

二、优化团队协作，深耕教育科研责任田

1. 精研市级劳动评价课题，校准教育成效度量衡

市级重点课题实施过程中，我校紧扣学情、校情，锚定学生发展，聚焦劳动课题，编织家校社"共育网"，重塑劳动教育评价体系。

多元主体共评：打破单一评价模式，融合自评、互评、师评、家长评，全方位洞察学生劳动表现，激发参与热情。

课程赛事赋能：打造趣味劳动课程，举办技能大赛，理论与实操并重，学生在做中学，深化劳动认知。

多维记录成长：每学期进行等级评定，将劳动成果记入成长报告单，可视化成长轨迹，落实了劳动育人价值，探索了特色劳动教育路径。

2. 深耕省级足球特色课题，拓宽国际视野新赛道

足球运动的世界性，让"国际视域下的小学足球特色教育研究"这一省级社科课题极具分量。学校紧扣课题，全力探索实践，多维度夯实研究基础。

聚焦国际前沿，校准课题航标。学校选派教学骨干、足球教练组建调研团队，密切关注国际校园足球动态，深挖欧美、日韩等足球强国小学阶段的教育精髓、训练范式，梳理前沿理论成果；结合本校70多年深厚足球底蕴提炼出的"1251"人才培养模式，经反复研讨、论证，精准锁定课题切入点与研究路径，拟定贴合校情、接轨国际的研究方案，为课题开展筑牢根基。

普精双向发力，充实课题内核。构建"普及奠基+精英引领"培养体系，融入课题实践。普及环节，学校将足球基础知识、趣味游戏融入体育课堂，编写校本教材，定期开展校园足球文化节，营造全员参与氛围，丰富课题普适性成果；精英培养方面，学校设立专项机制，选拔有天赋的球员进入特训梯队，对标国际青少年赛事标准，记录小球员成长数据、战术成效，为课题结题提供一手资料。

借势国际交流，打磨课题精品。依托学校频繁国际交流的优势，赋能课题进阶。在迎接国际考察团、海外球队来访时，学校不单秀出训练"硬成果"，还组织中外专家、教练围绕中外足球理念融合、青训衔接难点开启深度研讨；安排本校教练与国外同行同堂切磋，汲取多元建议，趁热复盘、精细打磨课题细节，促使省级社科课题在国际思维激荡下迭代升级，产出兼具前瞻性、实操性的成果。

三、务本精研实干，筑牢教育科研压舱石

1. 架构领航，夯实科研根基

学校领导班子将科研工作置顶发展高度，精准搭建科研组织架构。于日常实践里敏锐捕捉前沿问题，经归纳凝练，使其化作科研"种子"。校领导班子牵头，集结中层干部、骨干教师，围绕课题展开深度研讨，常态化举办研讨沙龙、成果路演等多元活动，激活团队协作势能，保障课题成果精准反哺教学重点工作。

2. 意识赋能，点燃科研火种

秉持科研源自教学细微处的理念，引导教师挖掘关键共性问题，雕琢课题雏形、探寻实操解法。一方面，定期开展教师研讨会、分享会，助力其从小微课题起步，点燃钻研热情；另一方面，锚定中青年教师群体，组织前沿理论培训，驱动他们向研究型教师蜕变，厚植校园科研思想土壤。

3. 流程精管，护航课题全程

严守课题各关键节点，紧抓过程性研究，为课题全程"系牢安全绳"。把牢"五关"：紧扣教学刚需与学校特色筛选题材，过好选题关；邀请专家严审申报材料、打磨方案，稳守立项关；核查研究进度、投入资源，适时纠偏，把控中期关；对标预期成果，全方位核验，攻克结题关；严苛考量成果创新性，严控质量关，力促课题规范运作、产出优质成果。

4. 成果辐射，延展科研价值

深挖课题深层内涵，全力拓宽成果辐射半径。以"国际视域下的小学足球特色教育研究"课题为例，学校选派精英教练员实操国际教学法，提炼本校特色训练模式，迭代足球教学体系；校内总结实操经验编制成果集，校外借区域教研、学术期刊广泛传播，启迪同类学校，让课题成果"枝繁叶茂"，

发挥长效引领作用。

站在树上的鸟儿，不怕树枝的断裂，因为它相信的不是树枝，而是自己的翅膀。同理，学校深耕教育科研，依靠的也是自身过硬的科研实力。这份实力，将支撑学校稳步前行。"行之力则知愈进，知之深则行愈达。"教育科研是一项精耕细作、久久为功的育人工程。一所成功的学校是几代人筚路蓝缕、不懈努力的智慧的结晶。作为教育工作者，我们要聆听时代召唤，众行致远，筑就通向高质量教育的道路。

如同东北路小学校舍修建工程，面对教学楼体大青石的修复难题，学校毅然放弃便捷省事的粉刷涂料方案，而是采用最质朴却也最耗时耗力的打磨方式。一凿一锤间，皆是对品质的坚守。两个多月的精雕细琢，让百年老校重现古朴风貌。教育科研也仿佛这打磨的过程，要秉持耐心与热爱，笃行久久为功的坚持，如这打磨后的石头般闪耀出独有的韵味与华彩，在岁月的长河里，温暖并照亮孩子们的成长成材之路。

第三篇

根于沃土　生生不息

读者朋友们，当您翻开本书的第三部分，一场关于德、智、体、美、劳的探索之旅即将开启。这里呈现的并非高深理论，而只是我在长期教育实践中，如拾贝者一般，悉心收集起来的点滴感悟。这些感悟有的源自课堂上的灵光一现，有的来自与学生、家长交流时的触动。它们零零散散，尚有许多不尽成熟之处。我仅希望能给您带来一些有益的启发，为您在思索教育之路时增添几分助力，若能让您从中感受到教育过程的温度与魅力，那于我而言便是意外之喜。

第一章

德铸魂

一、多元协同的小学德育实践路径探寻

小学阶段，德育教育恰似一颗饱含希望的种子，悄然落入孩子们的日常，借老师的言传身教、同学间的友爱互助，生根发芽，慢慢长成参天大树。

小学德育的首要任务是确立其在教育中的核心地位。这并非一句空洞的口号，而是需要切实付诸行动的目标。学校应构建科学完善的评价体系，让德育成效清晰可见。比如，设立"品德卓越奖"，从多个维度考量学生的品德表现，包括诚实守信、尊重他人、关爱集体、勇于担当等。每月评选出表现突出的学生，在全校范围内进行表彰，颁发荣誉证书和具有激励意义的小奖品，如书籍、文具等。同时，激励教师积极探索创新德育方法，为教育注入温暖力量。

让德育回归生活，是小学德育的关键所在。德育不能脱离孩子们的实际生活，而应深深融入其中。例如，组织学生参与"小小志愿者"活动，走进社区、敬老院、孤儿院等场所，为有需要的人提供帮助。孩子们可以为社区打扫卫生、为敬老院的老人表演节目、为孤儿院的孩子捐赠书籍和玩具等。这些活动，可以让孩子们亲身感受帮助他人的快乐和价值，培养他们的爱心

和社会责任感。

在校园内,可以开展"校园文明之星"评选活动。鼓励学生从自身做起,遵守校规校纪,爱护校园环境,尊敬师长,团结同学。设立文明监督岗,让学生轮流担任监督员,及时发现并纠正不文明行为。还可以结合传统节日和重大纪念日开展丰富多彩的主题活动。如在春节期间,组织学生了解春节的文化内涵,学习传统礼仪;在清明节,带领学生缅怀革命先烈,传承红色基因;在劳动节,开展劳动技能大赛,培养学生的劳动意识和动手能力。

家校协同合作是小学德育的重要保障。家庭和学校如同孩子成长的双翼,只有紧密配合,才能让孩子飞得更高更远。学校可以定期举办家长课堂,邀请教育专家为家长传授科学的教育方法和德育理念。开展亲子活动,如"亲子共读一本好书"活动,家长和孩子共同阅读优秀的德育书籍,分享读书心得,增进亲子感情的同时提升孩子的品德素养。在家庭中,家长要以身作则,成为孩子品德的楷模。如遵守交通规则、爱护公共环境、诚实守信等,用自己的言行潜移默化地影响孩子。

此外,社会资源的整合也是小学德育的重要途径。学校可以与博物馆、图书馆、科技馆等社会机构合作,开展校外实践活动。例如,组织学生参观博物馆,了解历史文化,增强民族自豪感;参观图书馆,培养阅读兴趣和良好的学习习惯;参观科技馆,激发学生的探索精神。

还利用网络资源开展德育教育。在信息时代,网络已经成为孩子们生活中不可或缺的一部分。学校可以建立德育教育网站或微信公众号,定期发布德育故事、名言警句、优秀学生事迹等内容,让学生随时随地接受德育教育。还可以开展网络主题活动,如"网络文明我先行"活动,引导学生正确使用网络,遵守网络道德规范。

小学德育教师的专业素养提升也是关键环节。学校应加强对德育教师的培训，提高他们的教育教学水平和德育工作能力。鼓励德育教师开展教学研究，探索创新德育的方法和手段。例如，采用案例教学法、情境教学法、小组讨论法等，让学生在生动有趣的教学活动中接受品德教育。

小学德育是一项系统而长期的工程，需要学校、家庭、社会的多元协同，共同努力。只有不断创新实践，小学德育才能真正发挥出应有的作用，为孩子们的成长奠定坚实的品德基础，引领他们走向美好的未来。在这条创新之路上，我们任重道远，但只要我们齐心协力，持之以恒，就一定能够为孩子们创造一个更加美好的德育环境，培养出品德高尚、学识扎实和具有创新能力的新时代少年。

二、打造优质道德与法治课堂是学校与教师的使命担当

在小学课程架构中，道德与法治课程有着十分重要的地位。它不仅仅是简单的知识传授，更深入地影响着学生的价值观、道德观和法治意识。政治认同，能让学生明确自己的立场与方向；道德修养，规范着学生的言行举止；法治观念，为学生的生活提供准则；健全人格，让学生的内心强大而稳定；责任意识，使学生懂得担当。对于学校和教师而言，打造优质道德与法治课堂是实实在在的责任。这不是抽象的任务，而是具体的行动。在教学过程中，教师应不断尝试新的方法，通过真实的案例分析、互动的活动、深入的交流探讨，让道德与法治真正走进学生心里，成为他们成长的有力支撑。这是学校与教师必须肩负起的使命担当。

学校作为教育的主阵地，首先要深入了解学生的生活状况。每个学生都有其独特的成长背景、身心发展特点、学习习惯以及品德发展规律。只有充分掌握这些情况，学校才能有的放矢地规划和实施道德与法治课程。教师也需要紧跟时代步伐，深刻领会新课标的精神实质，明确教育的目标和方向。

在制定教学活动计划和方案时，教师要充分考虑学校整体活动的统一性，注重与其他课程的有机融合。教材是教学的重要依据，但不应成为束缚教学的枷锁。教师应依据实际情况，灵活处理教材内容，超越教材的局限，设计出符合学生需求和学校特色的活动方案。

为了培养学生的核心素养，学校和教师要善于充分利用教材资源和学科优势。例如，可以组织学生进行小组合作交流，围绕一些具有现实意义的话题展开讨论。在这个过程中，学生们能够各抒己见，相互启发，从而明白许多做人做事的道理。同时，活动的设计应当源于学生的生活，贴近他们的日常经历。提倡体验、探究、合作的学习方法，让学生在亲身实践中感受道德与法治的力量。

学校和教师作为活动的组织者、指导者和参与者，要为学生营造一个积极投入的学习环境。在这个环境中，学生能够自由地表达观点，勇敢地尝试新事物，不断地探索和成长。例如，可以通过创设模拟法庭、角色扮演等活动，让学生在身临其境的体验中增强法治观念；也可以组织志愿服务活动，培养学生的责任意识和社会担当。

在道德与法治课程的教学过程中，紧密联系学生的生活实际是十分必要的。教育不应是空洞的说教，而应是与学生的生活息息相关的生动指引。比如，在讲授诚实守信这一主题时，可以引导学生回忆自己在生活中遇到的与诚信相关的事例，让他们思考诚信在人际交往和社会发展中的重要性。这种将抽象的道德观念转化为具体的生活经验的教学方式，更容易被学生理解和接受。

此外，学校还应注重培养学生的爱国情怀。通过讲述国家的发展历程、党的光辉历史等，让学生了解国家的政治制度和发展道路，增强对国家的热爱和拥护。同时，要引导学生关注社会热点问题，培养他们的社会责任感和使命感，让他们明白自己作为社会成员的责任和义务。

在培养学生道德修养方面，学校和教师要以身作则，言传身教，用自己的高尚品德和行为举止为学生树立榜样，同时引导学生在日常生活中践行道德规范，学会尊重他人、关爱他人、帮助他人。

为了实现立德树人的根本任务，学校要不断完善教学评价机制，不仅要关注学生的知识掌握情况，更要注重对学生核心素养的评价。学校通过多元化的评价方式，如课堂表现、作业完成情况、实践活动参与度等，全面了解学生的发展状况，及时调整教学策略，确保每个学生都能在道德与法治课程中有所收获。

同时，学校还应加强教师培训，提高教师的专业素养和教学能力。组织教师参加各类培训活动，学习先进的教学理念和方法，鼓励教师开展教学研究和改革实践，不断提升道德与法治课程的教学质量。

上好道德与法治课是学校和教师共同的责任。只有不断创新教学方法，关注学生需求，紧密联系生活实际，才能真正培养出具有良好核心素养的社会主义建设者和接班人。让我们携手共进，为打造优质的道德与法治课堂而努力，为学生的未来奠定坚实的基础。

在未来的教育道路上，学校和教师应当继续秉承立德树人的理念，不断探索适应时代需求和学生特点的教学模式。通过持续优化课程设置、丰富教学内容、改进教学方法，道德与法治课程真正成为学生成长道路上的明灯，引领他们走上正确的人生道路，成为有理想、有道德、有文化、有纪律的新时代公民。

道德与法治教育任重道远，但只要学校和教师齐心协力，不断努力，就一定能够为学生的健康成长和社会的和谐发展贡献力量。相信在不久的将来，我们将看到一代又一代具备卓越核心素养的优秀人才脱颖而出，为实现中华民族伟大复兴的中国梦添砖加瓦。

三、道德与法治学科与学校德育活动深度融合的实践路径

在学校教育中，道德与法治学科无疑承担着落实立德树人根本任务的关键职责，成为学校德育工作的重要学科阵地。将道德与法治学科与学校的各类德育活动有机融合，对于培养具备良好道德品质、法治意识和社会责任感的新一代青少年具有重要意义。以下几个方面启发我们如何实现这样的教育融合。

生命教育：珍视生命，守护成长。生命教育是道德与法治课程与学校德育工作融合的重要切入点。生命是宝贵且脆弱的，增强学生对生命的感悟力、培养他们的安全意识和防范能力是生命教育的首要任务。在道德与法治课堂上，教师可以通过生动的案例分析、深入浅出的理论讲解，让学生明白生命的价值和意义。同时，结合学校组织的消防演练、防震演习、防溺水、防欺凌以及防电信诈骗等活动，使学生在实践中掌握自救方法，提高应对突发事件的能力。例如，消防演练中，学生不仅学会了正确使用灭火器、了解火灾逃生的路线和技巧，更深刻体会到生命在火灾面前的脆弱，从而增强对生命的敬畏之心。安全教育警示片则能以直观的方式让学生认识到生活中潜在的危险，提高他们的安全防范意识。

集体主义教育：融入集体，共同成长。集体主义教育是学生成长过程中不可或缺的一部分。集体生活为学生提供了相互交流、合作与竞争的平台，有助于培养他们的团队精神、集体荣誉感和社会责任感。在道德与法治学科教学中，教师可以引导学生探讨个体与集体的关系，让他们明白个体的发展离不开集体的支持，而集体的进步也需要每个个体的努力。学校组织的各类集体活动，如运动会、文艺汇演、社会实践等，为学生提供了实践集体主义精神的机会。在运动会上，同学们为了班级的荣誉共同拼搏，相互鼓励、支

持，这种团结协作的精神正是集体主义的生动体现。通过参与这些活动，学生能够学会尊重他人、关心集体，克服精致利己主义的思想，树立正确的价值观。

法治教育：播撒法治种子，培养法治意识。法治教育是现代社会公民教育的重要内容，也是道德与法治学科的核心组成部分。将法治教育融入学校德育活动，能够让学生从小树立法治观念，自觉遵守法律法规。在课堂教学中，教师可以将学科核心知识与实际案例相结合，让学生理解法治的内涵和重要性。学校可以开展模拟法庭、法治知识竞赛等活动，激发学生学习法律的兴趣。此外，邀请法律专家到校举办讲座，组织学生参观法治教育基地，能够让学生更加直观地感受法治的力量。这些活动会在学生心中播撒法治的种子，使他们懂得用法律武器维护自己的合法权益，同时也明白要遵守法律，做守法的公民。

爱国主义教育：厚植家国情怀，担当时代使命。爱国主义教育是学校德育工作的核心和灵魂，也是道德与法治学科的重要使命。培养学生爱党、爱国、爱社会主义的情感，使他们成为有理想、有担当的时代新人，是教育的最终目标。在教学中，教师可以结合历史事件、时代楷模的事迹，让学生了解祖国的发展历程和取得的伟大成就，激发他们的民族自豪感和爱国热情。学校可以组织参观爱国主义教育基地、开展红色主题演讲比赛等活动，让学生在实践中感受爱国主义的力量。例如，参观革命纪念馆，学生能够亲身感受到革命先辈为了国家的独立和民族的解放所做出的巨大牺牲，从而更加珍惜今天来之不易的幸福生活，坚定为祖国繁荣富强而努力学习的决心。

为了实现道德与法治学科与学校德育活动的有效融合，需要采取一系列策略和方法。首先，教师要更新教育理念，树立大德育观，将道德与法治学科教学与学校的整体德育工作有机结合起来；其次，要加强课程设计，根据学生的年龄特点和认知水平，将德育内容巧妙地融入教学活动中；再者，要注重实践活动的组织与实施，让学生在实践中体验、感悟和成长；最后，还需要建立科学的评价机制，对学生的道德品质和法治意识进行全面、客观的评价，以促进他们不断进步。

道德与法治学科与学校德育活动的融合具有深远的意义和价值。对于学生而言，能够帮助他们形成正确的世界观、人生观和价值观，提高他们的道德素养和法治意识，为未来的发展奠定坚实的基础；对于学校来说，有助于营造良好的育人环境，提升学校的德育水平和教育质量；从社会层面看，培养具有高尚道德品质和法治意识的公民，对于促进社会的和谐稳定和文明进步具有重要意义。

道德与法治学科与学校德育活动的融合是一项系统工程，需要学校、教师、家庭和社会的共同努力。只有通过各方的协同合作，才能真正实现立德树人根本任务，培养出德智体美劳全面发展的国之栋梁。

四、驰骋赛场与德行修养的交融之旅

足球，不只是脚下的追逐与对抗，更是一种精神的承载。我们沉浸在足球的世界中，会清晰地看到它与品德教育紧密相连。在足球比赛中，团队协作至关重要。队员们为了共同的目标而努力，学会相互配合、相互支持，这正是品德教育中强调的团结精神。面对胜利，不骄不躁；遭遇失败，不气不馁，这种坚韧与豁达，也是品德养成的重要方面。足球还教会学生遵守规则，如同道德与法治教育中对法律和规范的尊重。通过足球，学生们在挥洒汗水的同时，也在潜移默化中接受着品德教育的滋养，努力成为全面发展的人。

足球作为一项全球性的运动，其魅力首先体现在团队合作上。一支优秀的足球队，需要前锋、中场、后卫和守门员等各个位置的球员紧密配合，协同作战。在比赛中，每个球员都有自己的职责和任务，但只有当他们摒弃个人主义，将团队的利益置于首位，才能形成强大的战斗力。这种团队合作的精神，与道德与法治教育中强调的集体主义价值观不谋而合。在道德与法治课堂上，我们教导学生要关心集体、团结同学，共同为实现班级和学校的目标而努力。而足球运动则以一种生动而直观的方式，让学生们亲身感受到团队合作的力量和重要性。

足球比赛有着严格的规则，球员们必须遵守这些规则，才能保证比赛公平有序。例如，越位、犯规等规则，旨在约束球员的行为，确保比赛在公正的环境下进行。这与我们在社会生活中需要遵守法律法规是一致的。在道法教育中，我们向学生传授法律知识，培养他们的规则意识和法治观念。通过参与足球运动，学生们能够更加深刻地理解规则的意义，明白只有遵守规则，才能获得真正的自由和成功。同时，当面对裁判的判罚时，球员们需要学会尊重和服从，这是培养学生尊重权威、遵守纪律的良好契机。

足球场上，胜负乃常事。然而，面对胜利时的不骄不躁，面对失败时的不屈不挠，才是真正的足球精神所在。胜利时，球员们要保持谦虚和冷静，继续努力，不断进步；失败时，他们不能气馁和放弃，要从失败中吸取教训，总结经验，重新振作。通过足球运动，他们能够学会以正确的心态对待得失，培养坚韧不拔的意志和积极乐观的人生态度。在道法教育中，我们引导学生树立正确的挫折观和成功观，而足球则为这些教育理念提供了实践的舞台。

此外，足球运动还能够培养学生的社会责任感和公平竞争意识。在比赛中，球员们要尊重对手、公平竞争，不使用不正当的手段获取胜利。这种公平竞争的意识，有助于学生在未来的社会生活中，遵循公平、公正、公开的原则，积极参与社会竞争，为社会的发展作出贡献。同时，足球运动还能够激发学生的爱国情怀。当看到国家队在国际赛场上拼搏时，学生们会为祖国的荣誉而感到自豪和骄傲，从而增强民族自豪感和国家认同感。

在教育实践中，我们可以将足球与道德与法治教育有机结合，开展丰富多彩的活动。例如，组织学生观看足球比赛，并在观看后进行讨论，引导学生分析比赛中所体现的道德与法治观念；开展足球主题的班会活动，让学生们分享自己在足球运动中的经历和感悟，从中领悟道德与法治的真谛；还可以举办校园足球比赛，在比赛中设置道德风尚奖，鼓励学生在比赛中展现良好的品德和体育精神。

总之，足球运动作为一种具有广泛影响力的体育活动，为道德与法治教育提供了丰富的素材和生动的案例。通过将足球与道德与法治教育相结合，我们能够更好地培养学生的团队合作精神、规则意识、挫折承受能力、公平竞争意识和社会责任感，帮助他们树立正确的价值观和道德观，成为德智体美劳全面发展的社会主义建设者和接班人。以足球为载体，开启学生的德行修养之旅，让他们在绿茵场上挥洒汗水的同时，也在心灵的田野上播种道德与法治的种子，收获美好的未来。

五、滋养孩子心灵的德育之方

在一个安静的午后，阳光透过窗户洒在书桌上，我静静地回想着关于教育的点点滴滴。那些孩子们纯真的笑脸，充满好奇的眼神，在我脑海中不断浮现。我一直在思考，教育到底是什么？是那一本本厚厚的教材，还是那一场场紧张的考试？或许，都不是。真正的教育，不是那些可能被遗忘的具体知识，而是在岁月流逝后依然留在心底的东西。

在孩子幼小的心灵里种下善良正直的种子，是教育的重要使命。这颗种子，就像一个沉睡的精灵，等待着适宜的时机苏醒、生长。当孩子们踏入小学的校门，他们的内心纯真无瑕，如同春日刚刚撒播的种子，老师和家长就如同那辛勤的园丁，要用心去培育种子，用爱去松动土壤，用耐心去等待它们破土而出。

教育从来都不是学校的独角戏，而是家庭、学校和社会共同演绎的协奏曲。学校是知识的宝库，为孩子们打开了认知世界的大门，但家庭更是温暖的港湾，给予孩子们最初的情感滋养和道德启蒙。父母的关爱、家庭的和睦，让孩子懂得了什么是爱、如何去爱。而社会则是广阔的舞台，孩子们在这里见识到人生百态，学会分辨是非善恶。

在德育的过程中，有许多朴素而深刻的道理值得孩子们去领悟和践行。"赠人玫瑰，手有余香"，并非一句空洞的话语。当孩子学会主动帮助他人，他们会发现给予所带来的内心满足远远超过了物质的收获。比如，在学校里主动帮助同学解决难题，或者在社区里参与志愿活动，这些小小的善举会在他们心中种下善良的种子，随着时间的推移，生根发芽，开花结果。

"己所不欲，勿施于人"，这句古训蕴含着换位思考的智慧。孩子们在成长过程中，往往容易以自我为中心。然而，当他们真正理解并运用这一原则，就会站在他人的角度看问题，尊重他人的感受和选择。比如，在与小伙伴玩耍时，不再把自己的意愿强加给别人，而是懂得协商和妥协，这样的孩子在人际交往中会更加受欢迎，也能避免许多不必要的冲突和矛盾。

"行有不得，反求诸己"强调自我反省。当孩子们遇到挫折和困难时，如果能够首先审视自己的行为和态度，寻找自身的不足并加以改进，他们就会逐渐变得更加坚强和成熟。比如，考试成绩不理想，不是一味抱怨题目太难或者老师教得不好，而是认真分析自己在学习过程中是否足够努力，方法是否得当，从而调整学习策略，取得进步。

"不以善小而不为，不以恶小而为之"，提醒孩子们要注重细节，从身边的小事做起，培养良好的品德习惯。哪怕是捡起地上的一片纸屑，给老人让个座，这些看似微不足道的行为，都是在积累善的力量。同时，也要警惕那些看似微小的不良行为，如撒谎、偷懒，防止它们逐渐侵蚀心灵。

"老吾老，以及人之老，幼吾幼，以及人之幼"，这是一种推己及人的大爱。孩子们不仅要敬爱自己的长辈，关心自己的兄弟姐妹，还要将这份爱延伸到他人身上。在公交车上为陌生的老人让座，关爱社区里的孤寡老人，帮助年幼的小朋友，这些行动会让他们的心灵充满温暖。

对于我们成年人来说，教育也是一场永不停歇的自我修行。我们不能只是要求孩子做到，自己却言行不一。我们要用实际行动向孩子们展示什么是善良、正直、宽容和责任。在日常生活中，遵守社会公德、关爱他人、积极参与公益活动，这些都是对孩子最好的教育。

教育，是一场细水长流的陪伴。我们不需要华丽的辞藻，也不需要惊天动地的举动，只需要在平凡的日子里，用真心去引导，用爱去呵护。我们相信，那些小小的种子，会在不知不觉中生根发芽，孩子们会在这朴实无华的教育中，稳稳地踏出自己坚实的每一步，走向属于他们的美好未来。

六、让小学道德与法治课"活"起来

小学阶段，孩子们如同初绽的花朵，充满着生机与好奇。在众多课程中，道德与法治课承载着引导孩子们树立正确价值观、培养良好品德的重要使命。然而，对于活泼好动、对新鲜事物充满好奇心的小学生来说，如何上好这门课，让它真正走入孩子们的内心，成为学校和教师需要深入思考的问题。

立德树人是中国特色社会主义教育事业的根本任务，而道德与法治课无疑是落实这一任务的关键课程。其教学核心在于培养学生良好的品德，这就要求教师在课堂中紧密结合教学内容，充分考虑小学生的身心特点，积极探索创新教学模式。为了吸引孩子们的注意力，让他们对道德与法治课产生浓厚兴趣，教师可以将身边喜闻乐见的典型案例引入课堂。比如，讲述小区里小朋友主动扶起摔倒老人的故事，引导学生思考这种行为背后的道德意义。通过这样贴近生活的案例，孩子们能够更加真切地感受到道德的力量，从而引导他们主动去感悟其中的道理。

实现知行合一是小学道德与法治教学的重要目标。教师不仅要让学生在课堂上理解道德规范和法律知识，更要引导他们在实际生活中践行。例如，在学习了保护环境的相关内容后，可以组织学生参与社区的垃圾分类宣传活动，让他们将学到的知识转化为实际行动。当学生真正体验到道德与法治课带来的价值和愉悦时，他们才会愿意将所学知识运用到日常生活中，使之成为一种自觉行为。

构建生活化的课堂是小学道德与法治教学重要的教学手段。在教学中，设计相应的教学情境，把复杂抽象的理论转化为孩子们熟悉和喜爱的生活场景，能极大地激发学生的学习热情。比如，创设一个在超市购物的情境，让学生讨论如何文明购物、诚实守信。

在如今这个信息爆炸的时代，新媒体既带来了便利，也产生了诸多影响。对于小学生来说，如何正确看待和使用手机就是一个值得探讨的问题。教师可以在课堂上提出"手机对我们的生活有哪些影响""小学生应该如何合理使用手机"等开放性问题，引导学生畅所欲言。除此之外，还可以探讨"网络游戏的利弊""如何对待网络谣言"等话题，让学生在思考和交流中形成正确的认知。

新课标要求学校教育贴近现实、贴近生活、贴近学生，将小课堂与大社会结合起来。因此，教师要以小学道德与法治教材为基础，结合小学生的日常生活现象，引发学生的共鸣和思考。比如，将时事政治中的热点话题引入课堂，提出"冬奥会中运动员的拼搏精神给我们带来了什么启示"这样的问题。考虑到小学生的认知和理解能力有限，教师在呈现时事政治内容时，要从他们的角度出发，采用生动有趣的方式。例如，通过角色扮演，让学生扮演新闻主播来报道时事，或者将热点话题改编成小故事，让学生在听故事的过程中理解道理。

此外，强化学生在活动中的感悟也是非常重要的。组织学生进行小组讨论、实地观察、志愿服务等活动，让他们在实践中深化对道德与法治知识的理解。比如，带领学生参观敬老院，让他们亲身感受关爱老人的重要性，从而树立尊老敬老的价值观。

上好小学道德与法治课需要教师不断创新教学方法，关注学生的实际需求，让课堂充满生活气息，让学生在轻松愉悦的氛围中学习和成长。只有这样，才能真正发挥这门课程的育人作用，帮助孩子们在成长的道路上迈出坚实的步伐。相信在学校和教师的共同努力下，小学道德与法治课将成为孩子们茁壮成长的肥沃土壤，孕育出一代又一代有道德、懂法治、积极向上的优秀少年。

七、五育融合视角中的学科德育实践路径探索

教育的目标在于培育全面发展的学生，而五育融合的理念为此指明了方向。在日常教学实践中，学科德育作为德育的重要分支逐渐受到关注。它立足学科知识，挖掘内在德育价值，与五育中的其他方面相互交织。这一有机融合，不仅顺应教育发展的内在逻辑，也为学校德育的推进提供了切实可行的方法，对于学校德育工作从理念落实到实践操作，有着不可忽视的意义，值得深入探讨与实践。

当前，学校德育体系的构建仍存在一些亟待解决的问题。德育内容有时较为单一，缺乏对学生个体差异和实际需求的充分考量，针对性不足。例如，

在有的学校，德育仅仅停留在一般性的道德规范和行为准则的传授上，而未能深入到学生的内心世界，去关注他们在成长过程中所面临的具体困惑和问题。德育方式也存在形式化的倾向，有时过于注重表面的活动和形式，而忽视了实际效果和学生的真实体验。有的学校组织的德育活动，看似热闹非凡，但学生真正从中获得的道德启发和成长却十分有限。此外，德育与学科教育之间的结合不够紧密，导致学生在课堂上学到的德育观念与实际行动之间存在脱节，知行不一的现象较为普遍。

五育融合作为一种创新的教育理念，强调德智体美劳之间的相互关联和协同发展。在学校德育体系中，这种融合能够极大地拓宽德育的范畴，增强其针对性。以德育与智育的融合为例，学校可以引导学生在探究式学习中，不仅获取知识，还培养道德思维和判断力。比如，在数学课堂上，通过解决实际生活中的数学问题，让学生学会严谨思考、诚实守信，懂得运用所学知识为社会服务。德育与体育的融合，则可以通过体育竞赛等活动，让学生在遵守规则、团队协作中培养竞争意识和合作精神。在一场足球比赛中，学生们不仅锻炼了身体，还懂得了尊重对手、遵守规则的重要性。德育与美育的融合，借助艺术鉴赏等形式，提升学生的人文素养和审美情趣。学生在欣赏一幅描绘大自然美景的画作时，能激发对自然的热爱和保护环境的意识。以德育与劳动教育融合为例，学校组织学生参与劳动实践，如校园植树、社区义工服务等，就能让他们亲身感受劳动的价值，体会劳动的艰辛与快乐，从而培养责任感和勤劳的品质。

学科德育则将德育元素巧妙地融入各个学科的教学过程中，使学生在学习知识的同时，自然而然地接受德育熏陶。在语文课上，通过文学作品的解读，学生可以感受到人物的高尚品德，领悟到善良、勇敢、正义等价值观。例如，学习《狼牙山五壮士》，学生能从壮士们英勇无畏的行为中汲取爱国主义的力量。在科学课上，科学家们追求真理、勇于探索的精神，也为学生树立了良好的榜样。

学科德育不仅注重知识传授与道德教育的紧密结合，还强调德育教育的实践性和个性化。在实践方面，学校通过组织各种实践活动，让学生在实际操作中体会道德的力量。比如，参与社区服务活动，学生能够亲身体验帮助他人所带来的快乐和满足感。而在个性化方面，教师会根据学生的不同特点和需求，有针对性地开展德育教育。对于性格内向的学生，教师会更多地鼓励他们参与集体活动，培养自信和社交能力；对于活泼好动的学生，教师则引导他们学会自律和专注。同时，学科德育视野下的学校德育体系还应关注德育的评价机制。建立多元化的评价体系，既要关注学生的道德认知，也要重视他们的道德行为。不能仅仅以考试成绩来衡量学生的德育水平，而要综合考虑他们在日常学习和生活中的表现，如是否关心他人、是否遵守纪律、是否积极参与公益活动等，以全面、客观、公正的评价，激励学生不断提高自身的道德素养。

展望未来，五育融合与学科德育在学校德育体系构建中的重要性将愈加凸显。学校应不断完善德育评价机制，激发学生树立正确的道德观念，养成良好的道德行为习惯。家庭和社会也需积极参与，与学校形成合力，共同营造良好的德育环境。家庭要注重培养孩子的品德修养，以身作则，传递正确的价值观。社会应为学生提供更多参与公益活动和社会实践的机会，让他们在广阔的社会舞台上锻炼、成长。

教育是一项长期且艰巨的任务，学校德育体系构建之路更是道阻且长。所幸，日常教学里，我们可以从点滴入手，将品德培养融入各学科，让德育与智育、体育、美育、劳育相互渗透。持续探索、创新实践，一步一个脚印，为学生筑牢成长的道德根基，培养出心怀担当、素养全面的新一代。

第二章

智赋能

一、"双减"之下的小学生课后服务探究

在当今的教育格局中,"双减"政策的推行成为义务教育领域的一场重大变革。"双减"政策所聚焦的对象,涵盖了义务教育阶段的小学和初中学生。其实质在于让教育回归本真,旨在促进中小学生能够实现全面且自由的发展。"双减"以提升国民素质和民族创新能力为根本追求,积极引入全新的教育理念,要让学生真正成为学习的主导者,而非被动的接受者;要让学生在德智体美劳各个维度都能得到充分的滋养和发展,不再是片面的、单一的成长。"双减"政策的有力推进,给基础教育带来了从内到外、从质到量的显著转变。它就如同一个精准有力的杠杆,以"双减"这一小切口,撬动了基础教育全方位的大改革。其目标清晰明确,发力准确到位,全力保障义务教育阶段立德树人这一根本任务得以切实落实。正因如此,人民群众对教育的满意度显著提高。

课后服务,不仅仅是学校教育时间上的延伸,更是教育模式的一种创新与拓展,是多方共同参与教育的生动体现。东北路小学紧紧抓住落实"双减"政策的契机,对课后服务的管理进行了大胆的创新。学校采用"选课走班"

的独特方式开展丰富多样的兴趣活动，这种模式以点带面，不仅减轻了学生的负担，还提升了教学的质量。让多彩的课程如同明亮的丝线，贯穿于师生发展的始终，极大地提高了学生和家长的满意度与幸福感。

在实行"5+2"延时期间（每周5天全日制学习，每天课后增2小时的延时服务），学校致力于实现"1+N"的高品质服务。其中，"1"代表基础看护类服务，确保学生在学校完成当天全部书面作业，不给家庭作业留"尾巴"。而"N"则代表素养提升类服务，每天额外增加一小时的兴趣活动。从课程的精心设置，到班级的细致管理，学校对每个环节都进行了周密的安排，力保课后服务有条不紊地开展，让每个孩子都能在自己钟爱的活动中收获满满的成就感。通过创新的订单式模式，学校极大地增强了课程的多样性和可选择性，努力为更多的孩子量身定制合适的课程。学校始终以提升课后服务的质量和水平为核心目标，以学生的切身利益为根本出发点，脚踏实地开展工作，全心全意提供服务。其目的就是让孩子们在课后服务的时光里，既能享受到快乐，又能有所收获。

学校依据学生的特点，精心打造了体能训练、思维提升、科技普及、艺术修养、文化素养等五大类课程供学生自主选择。在这个选择的过程中，学校逐步解放孩子的头脑，鼓励他们大胆去思考；解放孩子的眼睛，引导他们细心去观察；解放孩子的双手，促使他们积极去实践；解放孩子的嘴巴，让他们能够自由表达；解放孩子的空间，使他们有机会亲近大自然；解放孩子的时间，让他们学习内心渴望的知识。学校教育做好减法，才能让老师和学生焕发出更蓬勃的活力。

在课后服务的实践中，怎样整合教学资源，怎样协调各方的需求，怎样推动其良性发展，怎样承担起全新的教育责任，如何让课后服务得到学生的喜爱、家长的支持、社会的满意，并且有效地助力"双减"，是对每一位教育工作者能力的锤炼与考验，也是学校管理工作的关键所在。让我们共同努力，见证他们茁壮成长的每一天。

二、小学生作业设计的多维考量和优化之路

在义务教育小学阶段，作业一直是教育领域中备受关注的议题。作业不仅是学生巩固知识、提升能力的重要途径，更是教师教学效果的直观反映，以及学校教育质量的关键衡量指标。教育理念的不断更新和教育改革的持续推进，对于小学生作业的设计与管理也提出了更高的要求。如今，我们越发认识到，一份精心设计的作业，犹如一座桥梁，连接着课堂教学与学生的实际应用，能够有效地促进知识的内化与迁移。然而，在现实的教育场景中，作业问题却常常成为困扰师生和家长的难题。作业量过多或过少、作业形式单一枯燥、作业内容缺乏针对性等现象时有发生。这不仅影响了学生的学习兴趣和效果，也给家长带来了不必要的负担。正因如此，如何科学合理地设计小学生作业，使其既能满足教学目标的要求，又能符合学生的身心发展特点和需求，成为广大教育工作者亟待解决的重要课题。

作业，作为学生为完成学习任务而开展的活动，通常分为课堂作业和课外作业两大类别。教育部在《关于加强义务教育学校作业管理的通知》中明确指出，要充分把握作业的育人功能。作业是学校教育教学管理工作的重要环节，是课堂教学活动的必要延展。科学合理地布置作业，能够助力学生巩固所学知识，形成相应能力，培养良好习惯。

首先，课外作业应涵盖课堂上未能完成且需要反复练习、具有多种变化以及深度拓展的内容。此类作业对学生在课后进一步深化对知识的理解和运用极具成效。

其次，小学生的作业应紧密围绕规定的课程内容，切实减轻学生过重的

课业负担。对于那些不适宜在课堂上进行训练的任务，教师需有规划地安排在课后。例如，需要长期观察、记录和操作的内容，可作为阶段性作业布置给学生；再如，部分需要家长协作但绝非给家长布置任务的作业，如结合家庭实际进行计量、测量等，教师要明确家长的职责，既不能越俎代庖，也不能不管不顾。把握好尺度，让家长借助这样的机会了解孩子的学习状况，增进亲子关系。此外，还有一些需要特定环境才能完成的作业，如社会调查、公益活动等，可利用节假日让学生在家长陪同下进行。课外作业与课内作业互为一体，均为学生学习的重要环节，只是由于环境差异，对学生学习的影响有所不同。故而，应倡导教师布置富有价值的作业，充分发挥其优势。

再者，教师要布置那些在课堂上无法完成的作业。例如，有些作业需要学生深入理解、掌握和运用知识，而这些过程，如听懂、看懂、亲身经历、验证、操作等，是知识内化、消化和转化为实际应用能力的过程，往往无法全部在课堂上实现。因此，科学合理且有效地布置作业，对于帮助学生巩固知识、提高技能、培养良好习惯有重要意义。

总之，教师应精心设计能够巩固知识、形成能力、培养习惯的作业。例如，设计趣味性作业，激发学生的学习兴趣；设计分层作业，满足不同学生的需求；设计综合性作业，提升学生的综合素养；设计探究性作业，培养学生的创新思维；设计实践作业，增强学生的动手能力。

科学合理地设计小学作业，能够为学生的成长和发展提供有力支持，让他们在学习的道路上稳步前行，收获知识，收获成长的喜悦。

三、教育信息化"整校推进"的探索与实践

教育信息化已成为当今教育领域发展的重要趋势，对推动中小学教育的创新与变革具有关键意义。整校推进中小学教师信息技术应用能力的提升，

是促进教育教学与信息技术深度融合的必然要求。依据教育部《关于实施全国中小学教师信息技术应用能力提升工程 2.0 的意见》和《辽宁省中小学教师信息技术应用能力提升工程 2.0 实施意见》的精神，我们应全力推动这一工作的开展。在这一过程中，提高全员对信息化建设的重视程度十分必要。教育信息化的整校推进，覆盖学校教育教学的各个环节，每一位参与者都不应置身事外，而应积极投身其中，共同推动其落地实施。这需要各个部门之间的统筹协调，形成强大的推进合力。

一个行之有效的教育信息化整校推进方案是必不可少的。规划对于学校的发展起着引领作用，信息规划能力涵盖诸多方面，如设立共同的愿景，让全体师生明确努力的方向；制订详尽的实施计划，为工作的开展提供清晰的路线图；营造积极的文化氛围，激发师生对信息化的热情；制定科学合理的教师培训方案，提升教师的信息技术应用能力。在此基础上，协同区域专家和学校相关专业人士，结合校本实际，设计出具体且具有针对性的方案。这不仅可以作为学校内部自我评价的依据，也能为工作的持续改进提供指导。同时，组建一支优质的信息化管理团队是不可或缺的。学校管理者应发挥引领作用，牵头组建团队，充分调动工作人员的积极性和主观能动性，对整校推进工作进行科学合理的分工。只有团队成员齐心协力，各司其职，才能确保工作的高效推进。

此外，加强软件、硬件资源的建设也十分重要。在整校推进过程中，我们需要提升多方面的能力。全员的信息化意识和素养亟待提高，熟练运用信息技术服务于教育教学有利于提升教学水平。学校管理者在信息化发展规划制定方面的能力有待加强，科学合理的规划有助于教育理念的落地生根。在信息化资源建设方面，要树立大局观，实现优质教育资源的共享，让更多的学校、教师和学生受益。

在具体操作层面，要注重将教育信息化意识培训的理论与实践相结合。通过实际操作和案例分析，教师们真正掌握信息技术的应用技巧。学校管理者也要不断提升个人的信息技术水平，以更好地引领学校的教育信息化发展，为学校教育教学的高质量发展提供有力支撑。

教育信息化整校推进是一个复杂且长期的工作，它需要学校全体人员持续不断地付出努力。在实际操作中，我们要充分考虑学校的具体情况，比如不同学科的特点、教师的年龄结构和技术水平差异、学生的接受能力等。对于硬件设施相对薄弱的学校，要逐步加大投入，改善信息化教学条件；对于教师信息技术能力参差不齐的情况，要分层开展培训，确保每位教师都能在原有基础上得到提升。同时，要注重收集师生在实践过程中的反馈，及时调整和优化推进方案，让教育信息化真正贴合学校的教育教学需求，切实为提高教育质量服务。我们坚信，只要全校师生齐心协力，不断探索和改进，教育信息化一定能在学校扎根生长，为学生创造更优质的学习环境，为教师提供更高效的教学手段，推动学校教育教学水平高质量发展。

四、探索小学语文整本书阅读的有效路径

近年来，整本书阅读的方法正在悄然改变。阅读教学曾存在的碎片化、浅表化的问题，对学生语文学科核心素养的培养形成了阻碍。因此，积极探索在语文学科核心素养背景下开展整本书阅读的教学策略，是促进小学语文阅读教学质量提高的必要做法。

阅读在语文教学中占据着重要地位，并随着教育改革的不断推进，愈加受到重视。对于小学阶段的孩子来说，多读书、读好书、读整本书是一个循序渐进的过程。如何培养小学生的阅读兴趣及阅读能力，提升小学语文阅读教学质量，一直是一线教师关注的重点。相较于常规的单篇阅读教学，整本

书阅读在提升阅读教学质量、提高学生语文学科核心素养方面的作用更为显著。它有利于拓展学生的阅读空间，锻炼学生的阅读与思维能力，对学生实现深度学习有着积极帮助。

然而，在整本书阅读的过程中，存在一些现实问题。其一，整本书阅读数据选材的定位有时不准确。教师必须充分考虑小学生的身心发展规律和年龄特点，推荐符合其认知能力的书籍，如此，学生才能从整本书阅读中获得愉快、积极的情感体验。其二，整本书阅读教学不能过于随意。由于整本书阅读内容多、任务重、周期长，需要教师和学生投入更多的时间和精力。但在实际教学中，对整本书阅读投入的精力有限，缺乏长期的教学指导，导致整本书阅读教学存在随意性，降低了教学效果。

在提高核心素养背景下，小学语文整本书阅读的教学需采取科学的策略。首先是科学选材，奠定基础。针对低年级学生，应推荐图文并茂、故事简单有趣的书籍，如《猜猜我有多爱你》《大卫上学去》等；中高年级学生则可以阅读情节更丰富、有一定深度的作品，像《小王子》《夏洛的网》等。其次是趣味引领，激发兴趣。通过创设生动有趣的情境，如故事讲述、图书展示等，引发学生对整本书的阅读渴望。再者是授之以渔，掌握方法。教导学生采用精读、略读、跳读等不同的阅读方式，引导他们学会做读书笔记，摘录好词好句，加深对书籍内容的理解。同时，还可以组织交流表达活动，加深理解。例如开展读书分享会，让学生讲述自己的阅读感受，对书中的人物、情节进行讨论。

此外，我们还可以组织学生进行角色扮演，让他们通过扮演书中的人物，深入理解人物性格和故事情节，提高参与度和阅读兴趣。将书中的道理和启示与生活相联系，帮助学生更好地理解书籍内容，并应用到实际生活中。鼓励学生写读后感，对书中的人物进行评价，对故事情节进行思考，进一步提升他们的阅读理解和写作能力。整本书阅读在提升小学生阅读能力、推动学生提高语文学科核心素养方面具有重要作用。我们需要不断探索和完善教学策略，让更多的小学生爱上阅读，从阅读中受益，为其未来的学习和生活奠定坚实的基础。

五、提升小学低年级语文小练笔成效的策略探究

小学低年级的孩子们如同刚刚破土的幼苗，语文学习在此阶段有十分重要的地位。而小练笔，恰似一把神奇的钥匙，能开启低年级学生语文素养与写作能力提升的大门。低年级正是学生语言表达发展的关键期，小练笔对他们来说意义非凡。它就像一块基石，为未来的语文学习大厦奠定基础。通过小练笔，孩子们不仅能提高语言运用能力，还能在其中发现语文的魅力，激发对语文的热爱。那么，如何提升小学低年级语文小练笔的成效呢？这是一个值得我们深入探讨的问题。我们需要找到切实可行的策略，让小练笔真正成为孩子们语文学习的得力助手。

在小学低年级阶段，学生的思维能力和口语表达能力正处于快速发展的时期，有着广阔的提升空间。他们已经能够较为熟练地运用口语来表达情感、传递想法，在尝试书面表达时，多数学生能依照老师的提示或要求进行表述，部分学生还能巧妙地运用修辞手法，按照事物的发展顺序展开叙述。不过，当前也存在一些问题，比如部分学生错别字较多，有的采用拼音加文字的形式，标点符号运用不当，格式章法存在偏差。基于这样的学情，在低年级开展有针对性的小练笔训练极为必要。语文小练笔具有篇幅短小、练习时间灵活、形式不拘一格等优势。在课例教学中，它有助于进一步增进学生对课例内容的理解与感悟，引导学生联系课文、生活与自身，进行个性化的解读和文字表达。

我们可以充分挖掘文本资源，丰富写作形式。低年级语文教材中的插图

数量众多且内容丰富,例如《乌鸦喝水》这篇课文的插图,画面生动地展现了乌鸦找水、喝水的过程。教师可以挑选这类具有故事线索和强烈画面感的插图作为写作素材,吸引学生关注插图的深层意义,获取更多信息。同时,确保学生在情感丰富的基础上,依照一定的逻辑顺序,融入修辞手法和细节描写进行表达。

片段仿写是小练笔的重要方式之一。在仿写时,认真观察很重要,学生需要看清行文结构与内容的联系、修辞手法的运用、关联词语的使用,甚至包括字数的多少。比如,在学习《小小的船》时,教师可以引导学生仿照"弯弯的月儿小小的船,小小的船儿两头尖"这个句式,描述其他事物。此外,联系上下文进行扩写,能够加深学生对课文内容的理解,让表达更真实、更具画面感。教师要有意识地引导学生进行简单的填词训练,激发他们的写作热情。例如,在《雪地里的小画家》中,"小鸡画竹叶,小狗画梅花,小鸭画枫叶,小马画月牙",教师可以让学生扩写小动物们画画时的动作和神态。

在小练笔过程中,还需要迁移文本内容,拓展写话素材,强化有序思考。低年级学生的思维较为活跃,但常常缺乏条理。教师要帮助学生确定思考方向,引导他们按照一定的顺序和结构行文,比如讲述故事要遵循事情发展的先后顺序、思考问题要保持连贯。选择合适的素材对于小练笔也十分重要。课例中有许多适合练笔的内容,教师要善于甄别,突出特色,写出事物的独特之处。教师从课例中延伸小练笔素材,不仅能够创造性地完善课例内容,也能在课例表达的基础上获得启发,培养学生良好的写作习惯。

深入生活实际同样不可或缺。生活积累是学生写作的源泉,要求学生具备感知生活的能力,能够从正确的角度观察生活中的事物,依据积累的生活感知素材,从文本走进生活,再从生活迈向合理的创作。教师要激发学生的想象力,助力他们书写所见所闻和内心感受。同时,重视情感表达也尤为重要。教师应引导学生结合事物特点展开合理想象，将描述置于生活或自然场景中，使之真实可信，流露出真情实感。无论是小练笔还是未来的作文，文从字顺的表达过程实质就是作者情感抒发的过程，要让小学生既能感受文字的情感色彩，又能体会作者的真情实意。

小练笔训练中，教师要善于发掘学生作品中的闪光点，无论是思想感悟、遣词造句还是文章结构，都要给予充分的肯定与鼓励。低年级的小练笔实践是中高年级习作的基石，其重要性不言而喻。多样化的策略和方法，能不断激发低年级学生对小练笔的兴趣，提升他们的写作能力，为未来的语文学习打下坚实的基础。

六、教育评价改革：小切口下的微观审视与路径探寻

教育评价深刻影响着教育的走向。我们需清楚认识到，教育评价本质上不是纯粹的量化评估手段，而是有着丰富社会性意蕴的关键环节。明确"培养什么人、怎样培养人、为谁培养人"这一根本任务后，应从关键维度出发，深入挖掘教育评价改革的要义，探索具有实操性的实践路径，使其更贴合教育的内在需求，为教育的良性发展提供有力支撑。

1.要强化价值引领，把握方向性

教育肩负着为民族复兴培养时代新人的重任，必须坚守以德为先、能力为重的原则，在培养和提升学生综合素质上狠下功夫。这就要求我们摒弃功利化、短视化、工具化的教育评价取向，营造和谐的教育生态。树立长远发展的政绩观，不再以短期的成绩和指标作为衡量教育成果的标准，而是着眼于学生的长远发展和全面成长。

2.把握科学性，强化专业支撑

教育评价需要基于科学的理论和方法，充分考虑教育的复杂性和多样

性。在育人过程中，要明确教育的根本属性在于立德树人，根据时代的需求和社会的发展，培养具有高尚品德和扎实能力的人才。树立全面发展的育人观，关注学生的德、智、体、美、劳全面发展，而非仅仅注重知识的传授和考试成绩。同时，学校办学应在特色化、多样化方面下足功夫，以学生发展为中心，丰富课程设置，为学生提供更多成长的机会。

3. 把握协同性，强化系统推进

教育评价改革是一项系统工程，涉及教育的各个方面，需政府、学校、家庭和社会多方协作。于政策指引下，学校主动探索改革举措的落地实施，创新评价手段，力求精准反映学生的成长轨迹；家庭树立科学教育观，为孩子营造宽松和谐的成长空间；社会积极塑造尊师重教、尊重人才的风尚，为教育评价改革筑牢文化根基。各方协同发力，共同为教育评价改革的持续推进添砖加瓦，使其更贴合教育发展规律，为培育全面发展的人才贡献力量，进而提升教育的整体质量与成效。

4. 把握长期性，强化生态建设

教育是一个长期的过程，教育评价改革也不可能一蹴而就。我们要克服急功近利的心态，着眼于长远规划和持续推进。发展性教师评价对于教师的成长具有显著的正向影响，因此应大力推行，为教师潜心育人创造良好的生态环境。教师是教育事业的核心力量，只有让教师安心教学、专注育人，才能真正提高教育质量。

在实践中，我们要不断探索和创新教育评价的方法和手段。充分利用现代信息技术，建立多元化、综合性的评价体系，全面、客观、准确地评价学生和教师的表现。同时，加强教育评价的研究和交流，借鉴国际先进经验，结合我国国情和教育实际，形成具有中国特色的教育评价模式。教育评价改革之路，道阻且长。于细微处切入，洞察其本质并非易事。每一次对评价标准的审视、对评价方法的调适，都凝聚着教育者的思索与实践。这不仅是方法的改进，更是理念的重塑，意味着我们要挣脱传统的束缚，在复杂的教育情境中寻得平衡与突破。从对"人"的培养根本出发，步步为营，以扎实的行动应对改革途中的种种难题，让教育评价回归真实、走向科学，成为教育迈向卓越的准绳，而非空洞的口号与形式，如此，方能开启教育发展的崭新篇章，让教育的活力在理性与智慧的评价体系中充分涌流。

七、以教师语言之美启课堂和谐之弦

从学生时代一路走来，我们遇见过众多风格不同的老师。小学老师和蔼可亲，中学老师严谨认真，高中老师激情澎湃，大学老师博古通今，每位老师都有独特的讲课风格。但总有那么一些老师，他们的课堂仿佛有一种魔力，牢牢吸引着学生。他们的语言，用词精准恰当，妙语连珠；他们的表达，风趣幽默，能把晦涩的知识转化为有趣的故事；他们的讲授，张弛有度，让课堂氛围轻松活跃。这样的课堂，学生们全神贯注，沉浸其中，满心期待着下一次知识的奇妙之旅。而这，便是教师语言之美的独特魅力。

教师的语言，就像一把神奇的钥匙，可以打开学生求知的心门。回想我们的学生时代，那些让我们至今难忘的老师，往往不是因为他们教授的知识有多高深，而是他们的语言能够触动我们的心灵，激发我们的兴趣，让学习变得不再是一种负担，而是一场充满乐趣和惊喜的探索之旅。在如今的课堂上，教师的语言不仅仅是知识的传递，更是情感的交流，是师生之间心灵沟通的桥梁。一个语言艺术极高的老师，能够用生动有趣的话语，把复杂抽象的知识变得通俗易懂；能够用恰到好处的提问，引导学生积极思考，开启智慧的大门；能够用温暖鼓励的言辞，给予学生信心和勇气，让他们在面对困难时也毫不退缩。

教师的语言，绝不仅仅是声音的传递，它承载着知识的重量，蕴含着情感的温度，更是塑造学生学习体验和课堂氛围的关键要素。它不应只是简单的信息输出工具，而应如同春风化雨，滋润学生求知的心田，提高他们对知识的吸收效率和领悟能力。

清晰明确的课堂指令，是教师语言的基石。简洁明了、干脆利落的表达，能让学生迅速捕捉到关键信息，明确自己的学习方向。教师要注重语速和语调的把握，不急不缓，恰到好处，使学生的注意力始终聚焦在课堂的核心内容上。想象一下，一位教师以平稳而坚定的语气下达指令，学生们便能心领神会，迅速行动，课堂的秩序和效率自然得以保障。

灵活多变的提问方式，是教师掌控课堂节奏的巧妙手段。提问如同抛出的智慧之球，引导学生积极参与思考和讨论。教师需根据学生的实际情况和教学内容，精心设计问题的难度和类型。对于基础较弱的学生，问题可以更侧重于基础知识的巩固；对于思维活跃的学生，则可以抛出具有挑战性和开放性的问题，激发他们的创造力和探索精神。通过巧妙的提问，课堂不再是教师的独角戏，而是师生共同探索知识的舞台。

生动有趣的讲解语言，是点燃学生学习热情的火种。幽默风趣的表达、形象生动的比喻，能将抽象的知识化为具体可感的形象，让学生在欢声笑语中轻松领悟。抑扬顿挫的语气，仿佛乐章中的高低音符，为讲解增添了丰富的层次和魅力。当教师用充满激情和活力的语言讲述知识时，学生们的眼睛会闪烁着好奇的光芒，心灵会被深深吸引。这使学习不再是枯燥的任务，而是一场充满乐趣的冒险。

恰当适时的课堂互动，是课堂节奏的活力源泉。小组讨论、角色扮演等形式，让学生成为课堂的主角，积极参与其中。教师在这个过程中，如同一位细心的引导者，观察着学生的表现，适时给予指导和鼓励。通过互动，学生们不仅能加深对知识的理解，还能培养合作精神和交流能力，课堂氛围也因此变得活跃而有序。

积极正面的鼓励和激励，是学生前进的动力。教师的一句赞美、一个肯定的眼神，都能让学生感受到自己的价值和进步。评价学生时，细致客观的分析、个性化的鼓励方式，能让每个学生都找到自己的闪光点，增强自信心和学习动力。当学生在教师的鼓励下勇敢地迈出每一步，他们的成长之路便洒满了阳光。

课堂节奏的掌控、语言的运用是核心变量。教师的语言要有起伏，有张有弛，如同音乐中的旋律变化。音量的高低、音高的起伏、音速的快慢、音色的丰富，都能营造出不同的氛围，引发学生的情感共鸣。教学语言要与学生的心理状态相契合，关注他们的注意力、情绪、智力和体能的变化。当学生注意力高度集中时，教师可以加快节奏，深入讲解重点；当学生开始疲惫或注意力分散时，适当放慢节奏，调整方式，重新吸引他们的注意力。

课堂教学不仅是知识的传授，更是情感的交流。教师要以语言的情感节奏，触动学生的心灵，让他们在情感的共鸣中全身心地投入学习。当教师满怀激情地讲述时，学生也会被感染，跟随教师的节奏进入知识的殿堂；当教师以温暖的语言鼓励学生时，他们会感受到关爱和支持，勇敢地面对挑战。

教师的语言艺术是一门高深的学问，需要不断地修炼和提升。在课堂上，教师要善于运用语言的魅力，掌控节奏，营造出一个和谐、积极、富有活力的学习环境。让学生在有张有弛的氛围中，享受学习的乐趣，收获知识的硕果。教育是一场漫长的旅程，而每一堂课都是其中的一个精彩片段。希望我们的老师精心雕琢每一句课堂语言，把语言艺术融入日常教学，陪伴学生一步一个脚印拾级而上，成长为更好的自己。

第三章

体蓄势

一、从竞技体育精神到学生全面发展：多维视角的审视

在当今教育领域，竞技体育与学生发展的关联日益受到广泛关注，其背后蕴含的丰富教育价值亟待深入挖掘。

竞技体育所彰显的坚持精神是其最基础也是最动人的力量之一。赛场上，运动员们即使体力透支，即便带伤也会拼尽全力，这种坚持体现了对目标的执着追求和对困难的无畏勇气。对于学生而言，这种坚持精神意味着在学习中遇到难题时不轻易放弃，在生活中面对困境时不退缩。通过参与竞技体育活动，学生们能够在一次次的训练和比赛中锻炼自己的意志力，养成坚韧不拔的精神，从而在未来的人生道路上无论遇到何种艰难险阻，都能坚定地走下去。

勇敢挑战精神也是竞技体育的核心内涵之一。运动员在面对强大对手时，敢于尝试高难度的动作和策略，勇于突破自己的舒适区。鼓励他们敢于报考更有难度的课程，积极参加各种竞赛活动，勇敢地去挑战自我。在这个过程中，学生们不仅能够提升自己的技能水平，更能培养出勇于探索未知、敢于突破常规的创新精神，不断突破自己的能力边界。

团结协作精神在竞技体育中同样不可或缺。一支优秀的体育队伍，队员之间需要紧密配合、相互信任，共同为了胜利而努力。在日常的体育课程和活动中，学生们通过参与团队运动，能够深刻体会到团结协作的重要性。他们学会在小组作业中合理分工，发挥各自的优势，在班级活动中相互支持，增强集体荣誉感。这种团结协作的精神将伴随学生一生，使他们在未来的工作和生活中能够更好地与他人合作，融入团队，应对各种挑战。

而竞技体育所追求的自我超越精神，则是其最高层面的体现。运动员们不断刷新纪录，不断突破极限，这种对自我超越的不懈追求，为学生树立了崇高的榜样。对学生而言，自我超越不仅仅意味着成绩上的进步，更是在品德修养、社会责任感等方面的不断提升。它激励着学生们在人生的道路上永不止步，不断审视自己，发现不足，努力改进，追求更高的目标和更完善的自己。

随着体育课时的增加，学生拥有了更多接触竞技体育的机会，日常体育课程与活动成为竞技体育精神传播的肥沃土壤。在课堂上的团队运动中，学生们学习在竞争与合作间找到平衡。面对集体比赛的胜负时，他们学会正确对待成功与失败，培养了良好的心态。这些精神品质会延伸到他们的学习和生活中，让他们在面对学业压力时保持积极的态度，在未来步入社会后，也能凭借这种精神更好地适应社会环境，应对各种复杂的人际关系和工作挑战。

此外，竞技体育还能够培养学生的规则意识。在竞技体育中，规则是确保比赛公平公正的基石，任何违反规则的行为都会受到相应的处罚。通过参与竞技体育活动，学生们能够深刻理解规则的重要性，学会遵守规则，尊重裁判的判罚。这种规则意识将迁移到学生的日常生活中，使他们成为有纪律、有担当的社会公民。

同时，竞技体育还有助于学生提升心理素质。在比赛中，运动员需要面对各种压力和挑战，如紧张的比赛氛围、强大的对手、可能的失败等。通过参与竞技体育，学生们能够锻炼自己的心理素质，学会在压力下保持冷静，在挫折面前保持乐观，在成功面前保持谦虚。这种良好的心理素质将为学生的未来发展奠定坚实的基础。

竞技体育精神已然融入了学生的生命脉络，当他们在未来的人生道路上遇到困难的时候，赛场上坚持到底的决心，会让他们更加坚强；当需要与他人合作时，团结协作的意识会让他们更加融洽地与团队成员相处；当面对新的挑战时，勇敢挑战的精神会激励他们勇往直前；当追求个人成长时，自我超越的信念会推动他们不断进步。

从更宏观的层面来看，竞技体育与学生发展的紧密结合，对于个人成长与社会进步具有深远的意义。具有竞技体育精神的学生，将成为社会发展的积极推动者，他们的坚持、勇敢、团结和自我超越，将为社会注入源源不断的活力与动力。同时，这也为教育工作者提供了新的思考和探索方向，即如何更好地通过竞技体育这一载体，促进学生的全面发展，培养出具有综合素质和社会责任感的未来人才。这正是竞技体育与学生发展关联研究的重要学术价值所在，值得我们进一步深入探讨和实践。

二、透视体育育人功能的多元价值

在学校教育的进程中，体育始终占据着独特而重要的地位。尽管如今大多数教育者和家长都认可体育在孩子成长中的积极作用，但仍有部分家长和老师存在这样的疑问：孩子如果没有显著的体育天赋，是否还应该持续参与体育运动？这一疑问的出现，实际上反映出他们对体育育人价值的认识尚不够全面。体育绝非仅仅局限于强身健体，其与学生的精神塑造、意志磨砺以及人格健全等方面存在着深刻且紧密的内在联系。深入探究体育育人的价值内涵，不仅能够纠正部分人的认知偏差，更能为学生的全面发展提供坚实有力的支撑，推动学校教育迈向体教融合的新高度，让体育真正成为学生成长道路上不可或缺的力量。

当新生命开启人生旅程，体育便与之紧密相连。在婴幼儿时期，最初的肢体舞动、爬行探索等基础活动，便是体育的雏形，也是个体与世界互动的开端。在此基础上，德育、智育、美育等其他教育形式才得以逐步搭建和深入发展。身体作为承载个体情感、劳动、梦想等一切的物质根基，其健康发育程度直接影响着个体参与其他活动的成效。体育绝不仅仅是简单的肢体运动，它是生命的原发性教育，是推动个体从懵懂走向成熟的基础力量。从根本上讲，体育的首要目的在于增强体质。一个强健的体魄，是个体在生活中追求幸福、实现价值的前提条件。无论是日常的健身活动，还是紧张刺激的竞技赛事，都应紧密贴合个体实际情况，以个体的身体条件和发展需求为出发点，让体育真正成为个体生命茁壮成长的动力源泉，助力生命在运动中蓬勃发展、绽放活力。

体育作为教育体系中的关键一环，其育人功能具有多元性和综合性，远远超越了单纯的强身健体范畴。首先，体育能够塑造学生坚韧不拔的意志品质。在体育训练和竞赛中，学生们不可避免地会遭遇各种困难与挫折，如体能极限的挑战、技术瓶颈的突破、比赛失利的压力等。然而，正是在一次次克服这些困境的过程中，他们学会了坚持，培养了面对困难不退缩、不放弃的顽强毅力，这种意志品质将伴随他们一生，成为他们在学业、事业以及生活中攻坚克难的有力武器。

其次，体育是培养学生团结协作精神的重要阵地。众多团队体育项目，如篮球、足球、排球等，要求队员之间相互配合、默契协作，共同为实现团队目标而努力。在这个过程中，学生们深刻体会到个体在集体中的角色与价值，他们学会倾听他人意见、发挥自身优势、信任队友并相互支持，从而形成强烈的团队意识和协作能力。这种能力对于他们今后融入社会、参与团队工作是不可或缺的。

再者，体育有助于培养学生遵守规则的意识。在体育活动中，无论是竞技比赛还是日常训练，都有明确且严格的规则约束。学生们在参与过程中，逐渐明白规则的权威性和公平性，懂得只有遵守规则才能保证活动的顺利进行和结果的公正有效。这种规则意识的养成，将迁移到他们的日常生活和社会行为中，使他们成为有纪律、有秩序、懂法治的合格公民。

学校体育肩负着落实立德树人根本任务、提升学生综合素质的重要使命，是培养德智体美劳全面发展的社会主义建设者和接班人的基础性工程。一方面，学校应充分认识到体育育人的独特价值，为学生开足开好体育课程，确保学生有足够的时间和机会参与体育活动。同时，不断优化体育课程内容，使其既涵盖基础的体育技能训练，又融入丰富的体育文化知识和体育精神内涵，满足学生多样化的学习需求。另一方面，学校通过创新体育教学方法，激发学生对体育的兴趣和热情，让学生在体育锻炼中充分享受乐趣，主动积极地投入到体育运动中。例如，采用情境教学法，模拟真实的体育赛事场景，让学生在实践中体验体育的魅力；运用小组合作学习法，组织学生进行团队体育项目的探究和实践，进一步培养他们的团结协作精神和沟通能力。此外，学校还应积极营造浓厚的体育文化氛围，举办各类体育赛事、体育文化节等活动，丰富学生的体育文化生活，让学生在潜移默化中感受体育的力量，提升体育素养和综合能力。

体育育人的多元价值，深植于个体的每一步成长中，也镶嵌在社会发展的每一处脉络之中，是不可或缺的关键拼图之一。教师当以虔诚之心，去触摸体育育人的温度与深度，将其融入校园的每一次铃响、学生的每一场奔跑和每一滴汗水之中。

学生们在操场上尽情舒展身姿，在赛场上无畏拼搏奋进，那是体育的种子在他们心间生根发芽。这颗种子孕育出的坚韧、协作、自律等品质，会伴随他们走过求学的青涩岁月，步入社会的广袤天地，去从容应对生活的起伏跌宕。我们不必去畅想宏大的远景，只需着眼于当下每一堂生动的体育课、每一次真诚的鼓励、每一回耐心的指导，因为这些点滴汇聚起来，便是体育育人最本真的力量。愿我们都能成为这股力量的守护者与传承者，让体育的光芒照亮学生前行的小径，在岁月的长河中，留下一串串坚实而温暖的脚印。这脚印里，满是生命成长的蓬勃力量与教育者的深情守望。

三、依托体育教育，激发无限潜能

学校在开展体育工作时，将体育融入认真思考和回答"强国建设、教育何为"的时代课题，以及立足新时代，东北路小学如何实现学校体育工作的融合与突破，构建学校体育工作新生态。

指导思想：贯彻落实习近平总书记关于教育、体育的重要论述精神，切实促进新时代学校体育工作高质量发展，发挥以体育人的独特功能，根据中共中央、国务院《中国教育现代化2035》，国务院《健康中国行动（2019—2030年）》，国务院办公厅《关于印发体育强国建设纲要的通知》，中共中央办公厅、国务院办公厅《关于全面加强和改进新时代学校体育工作的意见》等文件要求，结合学校实际，创新性地做好体育工作。

引领理念：全面贯彻全国教育大会、全市教育工作会议和区两会的精神，理清新发展阶段教育体育发展改革的新目标与新方向，规划思路，突出重点，提高质量，加速发展，力图实现新突破，展现新担当，迈向新征程。

基本原则：秉持"健康第一、教体融合"的教育理念，坚持以党建为引领，以全面育人和体育育人为核心，以体育课程建设和课外体育活动为重点，全面提升体育工作整体发展水平，营造浓厚的校园体育文化氛围，充分发挥体育在培养创新人才中的重要作用。以高质量发展为工作原则，不断探索创新，努力开创教育体育事业发展的新局面。

行动方案：立足东北路小学体育工作发展实际，我们将持续夯实"1123"项目，即以校园足球为一条主线，探索一项课题，攻坚两个重点，做实三个品牌。

一条主线。东北路小学以校园足球为核心主线，以"足球培训、足球赛事、足球文化"为支撑点，撬动教体融合新杠杆，培育足球之根，融合五育之美，构建全面发展的教育生态。通过足球运动，深入挖掘个体的潜能，使学生在身体、智力、情感、道德和审美等多个层面得到均衡提升，是对教育本质的深刻理解和实践。东北路小学始终如一的足球特色传承，是推动校园足球发展的精神支柱。学校要进一步确立符合足球运动发展规律、紧跟世界先进理念、适应我国国情的校园足球工作思路，制订基础性和个性化相结合的训练计划，加强实战训练，完善评估机制，提高教练员整体素质，实现校园足球与青训的有机融合，通过高水平青少年足球赛事，争取更多足球训练机会和资源，让千万孩子在拼搏、努力、汗水和荣誉中爱上足球、投身足球。校园足球不仅要培养孩子们拼搏进取、团结合作、坚持不懈的精神，还要让他们体验到体育运动带来的快乐。努力将足球变成一项伴随终生的技能，打造以校园足球为主的教体融合模式，坚定信心，跳起摸高，单项争冠军，整体创一流，协同共进，形成闭环，夯实基础，补齐短板，打造样板。

一项课题。学校以科研课题引领体育工作发展，深入推进校园足球与办学治校各个环节的融合，有效汇聚学校发展的强大动能。通过"国际视域下的小学足球特色教育研究"这一辽宁省社科类课题的成功立项，我们将科研引领深度融入教育教学中，致力于培养更多体育锻炼和文化学习协调发展的时代新人。同时，我们将持续发挥学校体育的育人功能，注重整体性设计和协同化推进，进一步夯实学校体育的教学体系、训练体系、竞赛体系和支撑体系。在此基础上，我们不断探索创新，走出了一条具有特色的、高质量的体育育人发展之路，为学生的健康成长和全面发展奠定坚实基础。

两个重点。学校确定两项体育重点工作。一个是扎实做好首届国际中体联足球世界杯开幕式花式足球表演。通过开幕式的表演，充分展示具有中国特征、辽宁特点、大连特色、沙河口特质的校园足球风采。二是健全体育竞赛和人才培养体系，完善校内外赛事体系。按照"面向人人、班班参与、校内外统筹"原则，完善以校内竞赛、校际联赛、选拔性竞赛为一体的学校体育竞赛体系。校内举办综合性、高水平、专业化的体育竞赛活动，发挥示范引领作用。积极开展丰富多彩的学校体育竞赛活动，促进各类体育竞赛活动全员化、常态化、品牌化发展，推进学校体育步入高品质发展的快车道。

三个品牌。以"建设一支或多支高水平运动队，为学生终身锻炼和发展奠定基础"为目标，学校积极与专业运动队、体育职业俱乐部等开展合作，打造学校高水平运动队，发挥高水平竞技体育的示范引领作用。由"一校一品""一校多品"走向"一精多品"，形成阳光健康、团结向上、充满活力的学校体育文化。立足东北路小学学生、学校的发展现状和实际，我们确定了在足球精品项目的引领下，以校园足球、精英篮球和阳光啦啦操三项品牌体育活动、体育竞赛为抓手，全面增强学校内生动能和主动发展意识，有力推动教体融合和五育融合协调发展。

些许感悟：

党建引领，助力学校体育工作行稳致远。党建与学校体育工作如同鸟之双翼、车之双轮。以系统思维推动党建工作和体育工作深度融合，坚持党建工作和体育工作目标同向、部署同步、工作同力，以高质量党建引领高质量体育发展，树立学校体育教学、活动、比赛一体化设计理念，围绕"教会、勤练、常赛、常展"要求，通过开展丰富多彩的体育竞赛活动，培养学生的团队精神、竞争意识和坚韧品格，促进学生身心健康全面发展。

立德树人，推动学校体育育人全面发展。立德树人是教育的根本任务，也是学校体育育人工作的核心目标。学校体育不仅要关注学生的身体健康，更要注重培养学生的品德和精神素养。学校通过体育教学、体育活动和体育竞赛等方式，培养学生的团队合作精神、竞争意识、坚韧品格和社会责任感，促进学生全面发展。同时，学校体育也要注重个性化教育，关注学生的个体差异和兴趣爱好，让每个学生都能在体育中找到自己的乐趣和价值。

体育文化，学校育人的核心目标和重要方向。体育文化，是一种力量，一种精神，一种生活态度。在校园里，体育文化是操场上的欢声笑语、是篮球场上的激烈对抗、是运动会上的拼搏呐喊，让学生更加坚强、更加自信、更加勇敢，塑造学生的思维方式、行为模式和社会认同。学校体育文化建设是一项长期的系统工程，需要学校、家庭和社会的共同努力。只有通过加强体育文化建设，才能营造健康向上的校园氛围，促进学生全面发展。

体育强则中国强，国运兴则体育兴。我们将聚焦"攻坚、克难、跃升"，找准矛盾主要点、顺势而为，找对困难关键点、借势发力，找到跃升突破点、乘势而上，用实际行动让体育教育真正成为学校发展的金名片、硬支撑。行稳致远，无问西东。

四、体育教育是孩子未来成长的坚实力量

身处学校教育的主阵地，体育教育的重要性愈加凸显。体育教育不仅是对身体的锻炼，更是对心灵的滋养，它是塑造孩子成为更好的自己的关

键力量。

当我们谈论青少年学生的成长需求时，体育课往往被置于次要地位。然而，事实上，体育或许才是他们最需要"补"的课程。体育最直观的作用无疑是强身健体，让孩子们远离电子屏幕，投身于户外的奔跑与运动之中。但更为重要的是，体育对于人的意志和精神的磨砺。

在运动场上，孩子们参与有组织的团队运动，这是他们学习团队协作的绝佳场所。他们学会了等待，明白了在输掉比赛时如何保持平和的心态，懂得了相互配合的重要性。这些团队协作的能力，将成为他们未来步入社会、开启职业生涯所必备的素养。而且，通过重复的运动，孩子们的大脑执行功能得到提升，包括制订计划、集中注意力、控制冲动以及自我管理等能力。这种脑力的开发，对于他们的学习和未来发展有着深远的影响。

同时，体育还具有增强自信的作用。孩子们在运动中取得成功，并因此获得赞扬，这有助于他们坚定自信，认识到自我的价值。从科学的角度来看，经常参加体育锻炼能够改善神经系统，提高大脑皮层的兴奋和抑制的协调作用，使思维更加灵活、协调，反应更迅速。从心理学的层面来讲，体育活动能让孩子们在与他人的接触中对自我行为的形象产生评价，促进积极的自我认知，还能让他们在活动中找到安慰感和满足感、增强自信心、改善不良情绪、提高心理承受能力。

体育对于孩子人格的塑造，宛如水滴石穿，潜移默化却又影响深远。它让孩子们明白，人生需要明确的方向和目标。就如同在比赛中，胜利是目标，需要全力以赴去争取。生活亦是如此，有了清晰的目标，做任何事情才能有的放矢。在体育运动中，当身体达到极限时，孩子们的各种能力会随之发展，他们学会了超越自我，突破极限。这种不断挑战自我的精神，会延伸到生活的方方面面，让他们在面对困难时不退缩，勇往直前。他们懂得了成功没有捷径，唯有通过不懈的努力和汗水的浇灌，才能收获成功的果实。

此外，体育还培养了孩子们的耐心和毅力。很多事情并非一蹴而就，需要长期的坚持和努力。在体育运动中，孩子们懂得了只有持之以恒，才能取得理想的成绩。同时，体育让孩子们成为勇敢的人，敢于尝试新的事物，敢于面对失败和挫折。在面对工作和学习中的难关时，他们能够灵活思考，尝试换一种方式去解决问题。

在日常生活中，我们常常能看到体育教育给孩子们带来的积极变化。比如那些原本内向胆小的孩子，在参与了足球运动后，变得开朗自信，学会了与人沟通和协作；那些总是三分钟热度的孩子，在坚持长跑训练后，培养了坚韧不拔的毅力，能够持之以恒地完成学习任务。这些都是体育教育的力量，它在无声无息中改变着孩子们的人生轨迹。

然而，要让体育教育充分发挥其价值，还需要学校、家庭和社会的共同努力。学校方面，应当合理规划体育课程，保证课程的时长和质量，不断完善运动场地和器材等基础设施，同时培养和引进专业的体育教师，为孩子们提供科学有效的指导。家庭也要承担起应有的责任，家长要以身作则，积极参与体育活动，带动孩子的运动热情，鼓励他们坚持锻炼，培养良好的运动习惯。社会各界同样需要行动起来，加大对体育事业的投入，组织丰富多样的体育活动，让孩子们有更多机会参与其中。

我们深知，体育教育的推进并非一蹴而就，但只要我们坚定不移地朝着这个方向前进，相信在不久的将来，我们的孩子们都能在体育教育的滋养下茁壮成长，拥有健康的体魄、坚强的意志和积极向上的人生态度。作为教育工作者，我们期待着那一天早日到来，也将为此不懈奋斗，为孩子们创造更优质的教育环境，让他们在未来的人生道路上走得更稳、更远。

五、体育铸就生活的力量

于岁月的长河中驻足凝望，体育，这一熟悉而亲切的存在，始终如影随形地陪伴着我们每一个人。它不独属于某个特定群体，而是毫无距离地融入大众生活的方方面面。无论是晨曦微露时公园中慢跑的身影，工作间隙舒展肢体的片刻放松，还是闲暇时光投身于游泳馆、健身中心的尽情释放，体育的踪迹随处可寻。它无须奢华场地，也不依赖昂贵装备，一颗热爱运动的心，便是开启体育之旅的钥匙。

体育，首先教会我们自律。这种自律绝非仅仅局限于体育场上刻板地遵循训练计划和规则，而是在日复一日的体育活动中，将其内化为生活的固有节奏。当我们为了完成一场马拉松而坚持每日长跑训练，为了提升篮球技艺而不懈练习投篮，我们便在不经意间养成了自律的习惯。这种习惯如同精密的齿轮，嵌入生活的运转机制，使我们在学习新知识、攻克工作难题以及规划个人生活时，都能有条不紊地设立明确目标，并凭借坚定决心和顽强毅力去逐步实现。例如，一位坚持早起晨练的上班族，在工作中也更易保持专注和高效，将体育中的自律延续到职业发展中，向着既定目标稳步迈进。

拼搏与坚持，亦是体育馈赠于我们的宝贵品质。在体育的世界里，挫折与困难仿若家常便饭，而坚持则是战胜它们的法宝。赛场上，马拉松选手们在体力极度透支的情况下，依然凭借着钢铁般的意志向着终点冲刺；体操健儿在训练中屡次受伤，却依旧执着地追求动作的完美，不断挑战身体与心理的极限。这种在体育中铸就的坚持精神，成为我们面对生活挑战的有力武器。当学生们在备考升学的压力下、职场人在事业瓶颈的困境中，曾经在体育活动中培养的坚持精神便会被唤醒，鼓舞着他们勇往直前，不向困难低头，坚信每一次的咬牙坚持都能让自己离成功更近一步。

团队协作精神在体育中宛如黏合剂与推进器，将个体力量凝聚成强大合力，激发潜能，是攻克难关、夺取胜利的体育精神内涵，更是体育赛事中闪耀人性光辉与展现团队魅力的核心要素。在集体体育项目里，如足球、排球等，个人的光芒固然耀眼，但团队的紧密协作才是制胜的法宝。队员们之间的默契配合、相互信任与全力支持，凝聚成强大的团队力量。在一场紧张激烈的篮球比赛中，控球后卫精准的传球、中锋顽强的篮板防守以及前锋果断的投篮得分，每个位置的球员都各司其职，又紧密协作，为了共同的胜利目标拼搏。这种团队精神不仅在体育竞技中发挥关键作用，更是我们日常生活中不可或缺的成功要素。在企业团队项目中，懂得协作的成员能够充分发挥自身优势，同时尊重并欣赏他人长处，共同攻克难题，推动项目顺利进行，实现团队整体目标，促进团队和谐发展与个人价值的双重实现。

体育对意志的磨砺，更是其核心价值的深刻彰显。在汗水的挥洒与疲惫的侵袭下，我们的意志在体育中经受锤炼，变得坚如磐石。登山爱好者在攀登陡峭山峰时，每一步都充满艰辛，但他们凭借顽强意志克服缺氧、体力不支等重重困难，向着山顶奋勇前行；举重运动员日复一日地挑战更重的杠铃，在不断失败与重新站起的过程中，锻造出不屈不挠的意志品质。这种强大的意志力成为我们内心深处的坚实支柱，支撑着我们在生活的风雨中屹立不倒。当遭遇生活变故、事业挫折时，凭借体育磨砺出的意志力，我们能够保持积极乐观的心态，从困境中汲取力量，重新出发，以无畏的勇气直面人生的种种挑战，在逆境中绽放出生命的光彩。

在学校教育的舞台上，体育的育人功能举足轻重。素质教育肩负着学生终身发展与国家民族未来的重任，而体育作为其中关键一环，是全面培养学生品质的重要教育手段。学校体育应避免陷入功利的泥沼，不能将其简单作为提高成绩的工具或迎合内卷心态的手段。它应通过丰富多彩的体育活动，如运动会、体育社团等，让学生在运动中领悟团队合作的真谛，感受拼搏坚持的力量，培养自律自强的品质，塑造健全的人格与健康的心理。体育育人是一场多因素交织融合的过程，通过对学生身心和大脑的全方位滋养，为学生的全面发展提供源源不断的动力支持，让学生在体育运动中真切感受到快乐与成长，回归教育本真，实现体育育人的真正价值。

体育的魅力还在于其与生俱来的不确定性。无论是个人项目的独舞，还是集体项目的交响乐，运动员们即便全力以赴，也难以完全掌控比赛的结果。这种不确定性犹如生活中的未知与变数，它激发着人们内心深处的好奇心与探索欲，让每一场体育赛事都充满了悬念与惊喜。正是这种不确定性，教会我们以坦然之心接纳生活的种种可能，以积极乐观的心态迎接每一次挑战，在风云变幻的人生旅途中保持从容与淡定。

体育，作为生活力量的锻造之所，其价值已清晰彰显。展望未来，我们应怀揣对体育的热忱与敬畏，将其融入生活的日常点滴。在家庭中，鼓励亲人参与运动，共享健康之乐；在学校里，深化体育课程改革，拓展体育活动形式，助力学生全面发展；在社会层面，完善体育设施建设，举办各类体育活动，激发大众的体育热情。我们以切实行动，拥抱体育，汲取其力量，塑造更坚韧的自我，构筑更美好的生活，一路与体育相伴，奔赴未来的无限可能。

第四章

美润心

一、以美育勾勒学生成长新画卷

在推动学生全面发展的教育进程中，美育有着润物无声的魅力。于潜移默化中滋养心灵，提升素养，雕琢人格，培育情怀。美育就像一场无声的春雨，滋润着学生的心灵，让他们在感受美、欣赏美、创造美的过程中，逐渐形成独特的审美眼光和创造力。它不仅能够培养学生对美的感知和欣赏能力，更能在潜移默化中塑造他们的性格、陶冶他们的情操，让他们拥有一颗善于发现美、热爱生活的心。

美育的根本引导点在于培养学生正确的审美观。审美观的塑造是一个潜移默化的过程，它并非一蹴而就，而是需要教师在教育教学中精心引导。教师应立足学生全面发展，挖掘多方面的育人价值，充分把握显性和隐性、近期和远期、部分和整体的关系，以增强美育的育人功能。在课堂教学中，美育应坚持以育人为本。课堂是美育的主阵地，教师要充分发挥主导作用，将美育元素融入各个学科的教学之中。语文学科中优美的文学作品能够让学生感受到语言之美；数学学科中的几何图形展现出对称与和谐之美……美育在潜移默化中渗透进学生的学习生活，让他们在知识的海洋中领略美的存在。

同时，美育要与生活巧妙结合。生活是美育的源泉，学生在日常生活中的点点滴滴都蕴含着美的元素。教师应引导学生关注生活中的美，如自然之美、社会之美、科技之美等。通过观察自然景观，学生能够感受到大自然的鬼斧神工；参与社会实践活动，体会人与人之间的关爱与互助之美。这种与生活的紧密结合，能够提升学生自主学习的成就感，让他们更加积极主动地去发现美、创造美。

构建美育的新教学，探索艺术的新课标，是美育发展的必然要求。在新课标背景下，美育教学需要不断创新，注重知识关联，加强与其他学科的融合，发挥协同育人的功能。例如，美术与历史学科的融合，可以让学生在欣赏古代绘画作品的同时，了解当时的历史背景和文化内涵；与音乐、语文的结合，能够让学生在诗词的吟诵中感受韵律之美。

美育的实施还体现在丰富多样的课程设置和活动开展上。学校应通过丰富的课程促进学生全面发展，开设发掘潜能的选修课程和校本课程，发展个性艺术课程。这些课程为学生提供了广阔的发展空间，让他们能够根据自己的兴趣和特长进行选择。丰富多彩的校内活动，如文艺汇演、美术主题展览和学生实践活动等，为每个学生提供了展示自我的舞台。此外，多种多样的校外活动，如参观艺术展览、参加社区文艺表演等，能够拓宽学生的视野，让他们在更广阔的天地中感受艺术的魅力。社团的组建也是美育的重要途径之一。各类艺术社团为学生个性成长提供了平台，学生在社团中，能够结交志同道合的朋友，共同追求艺术梦想，可以锻炼自我，掌握本领，培养团队合作精神和创新能力，形成健康完善的人格和高雅的审美情趣等。音乐和美术作为艺术教育的核心学科，在校园文化和学生的美育培养中发挥着关键作用。学校要加强这两个学科的师资培训，不断提升教师的专业素养。音乐和美术教研组应积极推进人才培养模式的创新，改进课堂教学，开发校本课程；

从高品位审美情趣出发，打造特色活动，提高美育质量。

美育还承载着培育和践行社会主义核心价值观的重要任务。加强社会主义先进文化、中华优秀传统文化的教育，能够让学生在美的体验中传承和弘扬中华民族的优秀传统美德。例如，通过欣赏传统音乐、绘画作品，学生能够感受到中华民族的勤劳智慧和对美的不懈追求。

在探索适合孩子未来发展的美育之路上，我们要充分发掘学生身上的优势和差别，因材施教，以开发学生的潜能。每个学生都是独一无二的，具有不同的艺术天赋和兴趣爱好。我们要尊重这些差异，为学生提供个性化的美育教育，让他们在自己擅长的领域中绽放光彩。美育是一项长期而系统的工程，需要学校、教师、家庭和社会共同努力。只有形成合力，才能为学生营造一个良好的美育环境，让他们在美的滋养中成长。

二、艺术教育是陪伴孩子成长的温暖力量

当谈到孩子的教育，您可能最先想到的是学校里的文化课，那些密密麻麻的公式、一行行需要背诵的课文。此刻，期待您能与我一同深入探寻艺术教育。

对于孩子们，尤其是小学生来说，成长可不只是学会课本上的知识，考出高分。艺术教育就像他们生活中的一道光，照亮了他们内心丰富多彩的世界。孩子们的世界本就应该是充满色彩和想象的，那么，在学校，老师宜用开放性问题启发学生。在家庭，父母更要保护孩子的探索热情。

少儿期，是人的艺术才能开始表现的最佳时期。在这个阶段进行艺术教育，效果可谓事半功倍。通过艺术教育，孩子们能够提高对自然美、社会生活美和艺术美的感受、鉴赏、评价以及创造能力。他们会逐渐培养起健康的审美情趣，从而热爱生活、热爱艺术，热爱一切美好的事物。

艺术教育在学校教育中占据着重要地位，是促进学生全面发展的重要途径。在艺术的世界里，一首歌可以有多种唱法，一幅画可以有无数种表现形式。这种多变性和丰富性为孩子们提供了丰富多彩的体验，让他们能够尽情发挥自己的创造力。艺术教育还有利于培养孩子健全的人格。创作艺术作品是一个手眼脑并用的过程，需要孩子们运用多种感官去感知美。在这个过程中，他们能获得自由快乐的体验，建立强大的自信心。同时，艺术教育对孩子大脑潜能的开发也有着重要作用。小学期间，孩子们的大脑正处于发育阶段，既需要新鲜的信息刺激，又要避免疲劳。而美术、舞蹈、音乐等艺术形式恰好能满足这些需求，对大脑的健全发育起到促进作用。

如今，在新时代，美育已成为孩子们的一种刚需。美育的重要性，重在创造力的培养。每个孩子内心深处都有着审美的潜能，而学校教育的责任就是唤醒这些潜能，让它们在适当的指导下发展成更高层次的美感。艺术教育不是生硬的填鸭式灌输，我们通过艺术作品的创作与展示，了解每个孩子的个性，点燃孩子独特的创造力火花。它让孩子们发现自己独特的表达方式，在美的创作中找到自己的位置和擅长之处。因为艺术不仅仅是一种技能，更是一种情感的培养，是爱的启蒙。我们致力于为所有热爱艺术的孩子提供自我展示的平台，让他们用自己的方式表达内心世界，找到未来的发展方向。

艺术教育，赋予孩子们发现美的眼睛、创造美的双手和感受爱的心灵。当孩子们在艺术的海洋中遨游，他们收获的不仅是技能和知识，更是对生活的热爱、对世界的理解和对自我的认同。我们坚信，只要给予艺术教育足够的重视和支持，每一个孩子都能在艺术的陪伴下茁壮成长。愿艺术教育如同春风化雨，滋润着孩子们的心田，让他们在未来的日子里，无论面对何种挑战和困难，都能从艺术中汲取力量，用美的视角去审视世界，用爱的胸怀去拥抱生活。

三、小学美育在融合中润泽孩子

美育宛如一首轻柔的旋律，缓缓流淌在孩子们成长的时光中。它不是遥不可及的梦幻，而是触手可及的真实，如清晨的阳光，温暖而明亮，又如微风中的花香，清新而醉人。

当孩子们踏入校园的那一刻，美育便已悄然开启。校园的墙壁不是单调的白色，而是被五彩斑斓的绘画所装点，有充满童趣的卡通形象，有展现大自然神奇的风景画卷。每一幅画都像一个小小的故事，吸引着孩子们的目光，激发着他们的想象力。花坛里盛开的花朵，争奇斗艳，红的像火，粉的像霞，白的像雪。孩子们在课间休息时，会忍不住驻足观赏。教室里，摆放着孩子们亲手制作的手工艺品，有纸飞机、小帆船，还有用彩泥捏成的小动物。这些作品虽然略显稚嫩，但却充满了童真和创造力。

操场上，孩子们的欢声笑语与活力身影构成了一幅生动的画面。体育课上，老师不仅教会他们运动的技巧，还会让他们感受运动的节奏和韵律，感受身体的协调之美。比如跳绳时，绳子在空中划过的优美弧线；踢毽子时，毽子上下飞舞的轻盈姿态。

美育与德育的融合，是那样自然而亲切。比如，在品德课上，老师给孩子们讲述雷锋叔叔的故事，同时展示一些描绘雷锋做好事的绘画作品。孩子们看着色彩鲜艳的画面，听着感人的事迹，心中对于善良和助人为乐的美好品质有了更深刻的理解。或者学校组织大家一起观看关于友谊和团结的动画片，之后让孩子们分享自己的感受，明白与人友好相处是多么美好的事情。

美育与智育的融合，充满了趣味和惊喜。在语文课上，老师让孩子们根据课文内容画出自己心中的场景，比如《静夜思》，孩子们通过画笔描绘出诗人在月光下思念家乡的画面，更加深刻地理解了古诗的意境。在数学课上，老师用彩色的图形来讲解几何知识,让原本枯燥的数字和图形变得生动有趣,孩子们在美的感受中轻松地掌握了知识。

美育与体育的融合,更是活力四射。学校的运动会,不仅仅是速度和力量的较量,还有入场式的精彩表演。每个班级都会精心准备独特的舞蹈或者队列展示,孩子们穿着漂亮的服装,自信地展示着自己的风采。而课间操,也不是简单的动作重复,而是配上欢快的音乐,让孩子们在跳动中感受韵律之美。

美育与劳动教育的融合,同样别具意义。在手工课上,孩子们用彩纸折出各种可爱的小动物,用彩泥捏出自己喜欢的水果和花朵,在动手的过程中体会到创造的乐趣和成果的美好。学校组织校园清洁活动,孩子们认真打扫校园的每个角落,看着整洁干净的校园,明白了劳动带来的环境之美。

在美术课上,老师不会只是简单地让孩子们模仿画画,而是带着他们去校园里观察花朵的形状和颜色,感受大自然的色彩之美,然后再让孩子们自由创作。音乐课上,孩子们不再是机械地唱歌,而是通过欣赏不同风格的音乐,了解音乐背后的文化和故事。为了让美育更好地融入孩子们的学习和生活。学校还会举办各种活动,比如校园文化节,有书法比赛、绘画展览、歌唱表演等,让每个孩子都有机会展示自己的才艺;比如亲子手工活动,家长和孩子一起制作手工作品,增进亲子关系的同时,也让孩子们在家庭中感受到美育的温暖。

通过美育与各育的融合,孩子们学会了用美的眼光去看待世界,用美的心灵去感受生活。他们在欣赏艺术作品时,能够体会到艺术家的情感和思想;在参与体育活动时,能够感受到身体的力量和运动的魅力;在参与劳动实践时,能够领悟到劳动创造的价值和美好。随着时间的推移,美育将在孩子们的心中生根发芽,开花结果。他们会将对美的追求融入日常生活中,无论是穿衣打扮、家居布置，还是待人接物、社会交往，都会展现出独特的审美品位和人文素养。当他们长大后，无论从事何种职业，美育所赋予他们的创造力、想象力和审美能力，都将成为他们人生道路上的宝贵财富。相信在未来，我们的小学美育会不断发展完善，为更多的孩子开启美的大门，让他们在美的世界中自由翱翔，绽放出属于自己的独特风采。

四、为东北路小学毕业生郑新雨先生画展致辞

今日，我们因郑新雨先生从艺六十载美术作品展而欢聚一堂。作为东北路小学的代表，我们深感荣幸与喜悦，心中满是自豪。只因郑新雨先生曾是东北路小学的一员，今日有幸参加他的画展，我们深深领略到他对艺术的不懈执着与热爱，亲眼见证了这份美好，这是东北路小学无上的荣耀。

东北路小学，是一所拥有近百年办学历史的名校，文化底蕴深厚，足球特色鲜明，堪称教育界的窗口学校。这所学校，于孩子们和毕业生而言，不仅是心灵深处真实的神圣殿堂，更是温馨美好的精神家园。走进东北路小学，映入眼帘的是古老的红砖白瓦教学楼，盛放的凌霄花，郁郁葱葱的大树，以及花园中争奇斗艳的鲜花；再深入探寻，就会发现食堂里香气四溢的美食，足球场上尽情奔跑的少年，篮球馆里潇洒投篮的孩子，走廊里一幅幅孩子们精心创作的美术作品，还有荣誉室里一座座闪耀光芒的奖杯。这一切，都在无声地诉说着这所百年老校的辉煌过往与风华正茂。从这所学校走出的，为大家所熟知的，不仅有众多足球明星，还有著名的歌唱家、艺术家以及各行各业的杰出人才，他们在祖国的大江南北奉献着自己的力量。他们都是东北路小学的骄傲，我们由衷地为他们感到自豪。

今天，我们满心欢喜地参加郑新雨先生的美术作品展。他作为我们东北路小学众多优秀毕业生中的一员，是典型且杰出的代表。从他的作品展当中，

我们所感受到的，或许不单单是画作本身，更多的是老先生对人生、对世界的深邃理解。愿我们都能沉浸在这艺术的神圣殿堂之中，用心去感受这份温暖与美好，去汲取其中蕴含的智慧和力量。

五、探寻学校美育的多维力量

美育，一种健全人格的教育，引领着学生在美的世界中探寻自我。当孩子们沉浸在绘画的色彩斑斓中、音乐的悠扬旋律里、文学的深邃意境中时，他们的心灵得到了洗礼，情感得到了升华。在这个过程中，他们学会了欣赏、学会了表达、学会了尊重，逐渐形成了独立而完整的人格。

美育，是全面发展的素质教育。在当今社会，仅仅拥有知识是远远不够的，我们需要培养的是具有综合素质的人才。美育能够激发学生的创造力、想象力和思维能力，让他们在艺术的海洋中自由驰骋。通过参与各种美育活动，学生们不仅提高了自己的审美水平，还锻炼了团队协作能力、沟通能力和表达能力。这些能力将伴随他们一生，成为他们在未来社会中立足的重要资本。

同时，美育还是心理健康的情感教育。在快节奏的现代生活中，孩子们面临着各种各样的压力和挑战。美育为他们提供了一个宣泄情感、放松心情的渠道。在欣赏艺术作品时，他们可以感受到艺术家们的情感表达，从而找到共鸣，释放自己内心的压力。美育能够培养学生的情感认知能力和情感管理能力，让他们学会用积极的心态去面对生活中的困难和挫折。

为了更好地发挥美育的作用，学校应积极拓宽美育功能，确立以美育人的顶层设计。这需要学校引进先进的办学理念，构建符合美育教育需要的校园文化。校园里的一草一木、一砖一瓦都可以成为美育的载体。充满艺术氛围的校园环境，能够引导学生发现美，让学生在潜移默化中受到美的熏陶，强化美育教育的效果。学校可以设置艺术长廊，展示学生的优秀作品；举办艺术展览，邀请艺术家来校交流；开展艺术讲座，让学生了解不同艺术形式的魅力。

丰富美育的内涵，构建以美育人的人文素养教育策略是关键。创建课程体系，夯实美育教育的主渠道。在保障国家课程高质量实施的基础上，完善校本课程选课体系。挖掘各个学科蕴含的美育价值功能，让学生在学习知识的同时，也能感受到美的存在。例如，在语文课堂上，通过赏析文学作品中的优美语句，培养学生的审美能力；在数学课堂上，通过欣赏几何图形的对称美，激发学生的学习兴趣。学校还可以探索培养学生的动手能力、审美能力、空间思维能力的校本课程，如手工制作、摄影、书法等，让学生在实践中感受美、创造美。

丰富美育活动，让人人参与，建立长效机制。学校的小百灵合唱团、民乐队、鼓号队等艺术团体，为学生提供了展示自我的平台。庆六一表彰活动、艺术节等丰富多彩的活动，让学生在参与中提升个人素养。通过这些活动，学生们不仅能够展示自己的才艺，还能欣赏他人的美。此外，学校还可以开展名著导读、阅读分享、主题演讲等活动，让学生在涵养品质、丰盈内心的同时，传递美的价值。从感知美到理解美再到懂得美，是一个循序渐进的过程，而美育活动则是这个过程中的重要推动力量。

提升教师素养，优化美育智慧库。教师是学生成长道路上的引路人，他们的素养直接影响着学生的发展。美育教师不仅要有扎实的专业知识和技能，还要有理解美、欣赏美、创造美的能力。学校应加强对教师的培训，通过开展艺术讲座、教学观摩、作品展示等活动，让教师在学习中不断提升自己。同时，教师还应注重塑造自己的人格魅力，涵养美育情怀，用自己的言行举止去影响学生，让学生感受美的力量。只有这样，教师才能真正成为美育的源头活水，为学生的成长注入源源不断的动力。

构建评价体系，为美育教育提供科学的保障。评价体系不应仅仅关注学生的艺术技能水平，更应注重学生的审美素养、情感表达和创造力的发展。学校可以采用多元化的评价方式，如作品展示、表演汇报、建立成长档案等，全面评价学生的美育成果。同时，评价体系还应激励教师不断提高自己的美育教学水平，为美育教育的持续发展提供有力支持。

构筑校园文化，让美无处不在。校园文化是美育的重要组成部分，能够浸润学生的心灵，传递美的印记。学校可以利用校园广播、校园电视台、主题征文、书画作品展示等多种形式，让学生参与到美的创作中。学校通过这些活动，营造浓厚的艺术氛围，让学生在校园中随时随地都能感受到美的存在。此外，学校还可以开展校园文化节、艺术周等活动，让学生在丰富多彩的活动中体验美、创造美。

美育，是一场心灵的旅程，是一次灵魂的洗礼。让我们以美育人，点亮美育之光，绽放人文华彩。让孩子们在美的世界中茁壮成长，成为具有高尚情操、丰富情感、创新精神的新时代人才。

第五章

劳砺行

一、探索学校劳动教育高效发展路径：融合、实践与创新

劳动教育作为落实立德树人根本任务的重要途径，在当前的教育改革中愈加受到重视。随着新课改的推进、新课标的应用和新教材的使用，学校劳动教育的高效实施成为教育者们关注的焦点。

树立大劳动教育观是学校劳动教育的重要前提。全学科渗透劳动教育，要求学科教师摒弃狭隘的教育观念，积极参与劳动教育学科共同体的构建。各学科应根据自身特点，将学科教学目标与劳动教育育人目标有机整合，而非将劳动教育局限于特定课程或活动。例如，在小学语文课本中，《落花生》一文通过讲述花生的生长过程和价值，传递了劳动创造价值的观念；数学学科可以通过实际生活中的购物、测量等场景，培养学生的计算和规划能力。

立足学科进行劳动教育，关键在于实现教育学的协同。首先是学科的协同，深入挖掘各学科中的劳动教育元素，实现自然无痕的融合。例如，在科学课中，学生通过种植植物的实验，了解植物生长所需的条件，体会劳动的艰辛与乐趣；在美术课上，学生通过描绘劳动场景，感受劳动之美。其次，教师应充分利用教材，培养学生的劳动习惯和劳动精神。劳动教育不仅要注

重形式和数量，更要注重质量和内涵，避免将其窄化理解为劳动技术教育或技能培训。

劳动教育的实践性是其核心特征。学校应整合家庭、学校和社会资源，开发实践性强的育人课程。例如，学校可以组织学生参与社区志愿服务活动，如清理公园垃圾、关爱孤寡老人等，让学生在实践中感受劳动的价值。同时，劳动活动的开展应程序规范，强化规则纪律，注重细节，确保每个环节精准操作到位。教师要精心设计教学情境，激发学生的兴趣。如在烹饪课上，教师可以创设"美食大赛"的情境，让学生在竞争中提高烹饪技能。

将劳动任务转化为劳动项目，是提升劳动教育效果的有效途径。劳动课程应以项目为载体，以实践为特征，以素养提升为目标。例如，学生可以开展"校园花园设计与维护"项目，从规划、种植到养护，全程参与，逐步提升劳动素养。家庭劳动项目可以包括整理房间、烹饪美食等，难度逐渐递增，培养学生的责任感。

以评价推动劳动教育的发展。学校应探索科学合理的劳动评价体系，细化评价指标，借助数据手段，实现不同学段同一劳动任务的垂直贯通和有机衔接。评价不仅关注劳动成果，更要注重学生在劳动过程中的成长和表现。

劳动教育应与学科教学全方位、全过程融合。在课堂教学中，教师要基于学科特征，自然融入劳动教育元素。如在物理课上，讲解力学知识时，可以让学生动手制作简单的工具，体会劳动与科学的结合。课外实践活动中，也应将劳动教育与学科知识相结合。例如，地理学科的野外考察活动中，学生可以参与环境清理和资源调查等劳动。

强化校园劳动文化建设，营造良好的育人氛围。学校可以通过举办劳动主题的展览、讲座等活动，让学生了解劳动的历史和意义。教师应指导学生制作劳动教育清单，明确不同阶段的劳动任务和目标，促进学生全面发展。

学校还应积极与校外劳动教育基地合作，为学生提供更广阔的实践平台。例如，组织学生到学农基地参与农业生产劳动，让他们亲身体验农民的辛勤付出，感受劳动创造美好生活的真谛。多方参与，构建劳动育人的大格局，推动劳动教育基地师资专业化发展，为学生提供更优质的劳动教育指导。

学校劳动教育的高效实施需要树立大劳动教育观，全学科渗透，注重实践，创新教育方式，加强与家庭、社会的合作，构建全方位、全过程的育人体系。只有这样，才能真正落实劳动教育的新内涵、践行新使命，促进学生全面发展，培养具有劳动精神和实践能力的新时代人才。

二、以劳动教育赋能学生综合素养提升

劳动教育作为我国教育体系中独具特色的重要构成，意义非凡。劳动教育贯穿于小学生的日常学习与生活，如同一把钥匙，开启学生品德塑造、智慧增长、体格强健、审美提升的大门，对其成长发挥着不可替代的作用。

小学阶段的劳动教育，涵盖着丰富而多元的内涵。从劳动观念的树立，到劳动精神的培育；从劳动知识的传授，到劳动技能的训练；从劳动习惯的养成，到劳动意志的磨砺，再到劳动情感的激发，每一个环节都紧密相扣，共同编织着学生全面发展的锦绣画卷。劳动观念的教育，是塑造学生健全人格必不可少的要素。我们要培养学生尊重他人劳动成果的意识，让他们明白每一份辛勤付出都值得珍视。不随意丢弃垃圾，保持校园整洁，这看似微不足道的举动，实则是对他人劳动的尊重，也是对自己道德修养的锤炼。同时，还要让学生树立"自己的事情自己做"的观念，提高生活自理能力，从而培养他们的独立意识。

开展劳动教育，劳动纪律的教育不可或缺。强化规范意识和劳动安全意识，是保障劳动教育顺利进行的关键。在劳动课上，明确规范操作程序，让

学生在有序的环境中进行劳动实践，既能提高劳动效率，又能确保学生的安全。劳动道德教育同样重要。劳动应当诚实守信，不能投机取巧，更不能窃取他人的劳动果实。这不仅是对劳动本身的尊重，更是对公平正义原则的坚守。劳动教育让学生在劳动中培养正直、善良的道德品质。劳动知识和技能的教育是劳动教育的核心。教育必须与生产劳动相结合，只有在实践中，学生才能真正掌握劳动技能。许多家长因担心孩子做不好而不让其参与劳动，其根源在于孩子未掌握必要的技能。因此，通过实际操作训练学生的劳动技能非常有必要。比如，在手工课上学习制作简单的手工艺品，在农业实践中了解农作物的种植与养护，这些都能让学生在亲身体验中提升劳动能力。培养劳动习惯和劳动意志品质，是劳动教育的长期任务。劳动教育让学生养成"自己的事情自己做，负责的事情及时做"的习惯，培养他们艰苦奋斗、吃苦耐劳的精神和顽强奋斗的意志。劳动情感的教育是劳动教育的灵魂所在。我们要让学生发自内心地感受到劳动带来的愉悦、成就感和荣誉感。当他们亲手完成一项劳动任务，看到自己的成果得到认可，那种满足感和自豪感会油然而生。这种积极的情感体验，将激发他们对劳动的热爱，使他们更加主动地参与劳动。

劳动教育并非孤立存在，而是与德育、智育、体育、美育相互融合，共同促进学生的全面发展。通过劳动，学生能够培养良好的品德，锻炼思维能力，增强身体素质，提升审美情趣。家庭、学校和社会也应形成合力，共同为学生创造良好的劳动教育环境。家长要鼓励孩子参与家务劳动，学校要丰富劳动教育课程和活动，社会要提供更多的劳动实践机会。总之，开展好小学劳动教育，对于学生的成长具有深远意义。劳动教育能让孩子们在劳动中学会尊重、懂得珍惜，培养技能、锻炼意志，感受快乐、收获成长，为孩子们铺就一条充满阳光的劳动成长之路，让他们在未来的生活中，用勤劳的双手创造更加美好的生活。

三、劳动教育赋予孩子幸福生活之能

在当今物质丰裕、科技飞速发展的时代，人工智能的崛起和社会服务的便捷化，使我们的生活发生了翻天覆地的变化。然而，在这看似一切都唾手可得的环境中，劳动教育的重要性却愈加凸显。

劳动教育是学校教育的传统组成部分，也是培养德智体美劳全面发展人才的关键一环。大中小学校纷纷开设劳动课程，为学生们提供了接触劳动、了解劳动的机会。但随着时间的推移，劳动教育在某些时候陷入了一种困境，学生们更多地在纸面上完成所谓"劳动成长"，劳动教育的内涵被过于狭隘地理解。我们需要重新审视劳动教育的真正意义，打破传统的框架束缚，让劳动教育回归真实、生动的生活场景。劳动，绝不仅仅是洗衣做饭、打扫卫生这些简单的日常活动，更是知识的躬身实践，是社会生产中创造真实价值的重要手段。

劳动是教育的重要组成部分，它能让学生用身体去感受、去体验，从而更深刻地理解知识。正所谓"纸上得来终觉浅，绝知此事要躬行"，只有亲身参与劳动，学生才能真正领悟其中的规律和联系。通过劳动，孩子们能够激活自己的创造力，将所学知识运用到实际中，实现理论与实践的完美结合。

在学校教育中，应当让青少年首先明白，幸福生活并非凭空而来，而是建立在辛勤劳动的基础之上。"生活即教育"，让教育回归实际的劳动实践，使劳动与生活紧密相连，形成一个良性循环。在这个循环中，学生们不仅能够掌握劳动技能，还能培养责任感、团队合作精神和解决问题的能力。

学校应朝着"教育即生活，社会即学校，教学做合一"的方向努力。学校通过组织丰富多样的劳动活动，让孩子们在实践中感受劳动的乐趣和价值。

比如，在校园农场里，孩子们亲手播种、浇水、施肥，看着种子发芽、成长、结果，他们能真切地体会到劳动带来的收获和喜悦，理解"一粥一饭，当思来之不易；半丝半缕，恒念物力维艰"的深刻内涵。劳动是人与世界充分接触的桥梁。当孩子们亲身参与劳动时，他们能感受大自然的规律，体验付出与回报的关系，学会珍惜劳动成果。同时，劳动也能培养孩子们的耐心和毅力，让他们在面对困难和挑战时，不轻易放弃，坚持不懈地完成目标。

此外，劳动教育还有助于培养孩子们的创新精神。在劳动实践中，孩子们可能会遇到各种问题，需要发挥想象力和创造力去解决问题。这种创新能力的培养，将为他们未来的发展打下坚实的基础。而且，通过劳动，孩子们能够学会合理安排时间、管理资源，培养良好的生活习惯和自理能力，这些都是构建幸福生活不可或缺的要素。我们不能仅仅将世界装在脑袋里，更要通过身体去感知、去体验。只有这样，孩子们才能成为完整的人，具备持续创造美好生活的能力。

让我们重视劳动教育，为孩子们创造更多的劳动机会，让他们在劳动中成长，在劳动中收获，在劳动中点亮幸福生活的光芒。相信在正确的劳动教育引导下，未来的一代将不仅拥有丰富的知识，更具备坚韧不拔的劳动毅力，精益求精的劳动态度，协作共进的劳动精神。

四、让劳动教育在校园落地生根

多元发展的教育生态中，劳动教育正逐步回归教育本真。越来越多的学校积极探索劳动教育在校园落地生根的有效路径。

劳动，这一人类最本质的活动，其内涵随着社会的发展而不断丰富。从农业社会主要依赖体力劳动，到工业社会体力与脑力劳动的分工逐渐明晰，再到如今知识经济时代对创新劳动的高度需求，劳动的形式和内容在持续演变，但劳动创造价值的核心本质从未改变。

劳动教育，作为全面发展教育的重要组成部分，其意义深远而重大。它不仅能够引导学生树立正确的劳动观念，培养热爱劳动、尊重劳动的精神，还能让学生掌握必备的劳动技能，为未来的人生发展打下坚实基础。在劳动中，学生可以磨炼意志，养成良好的品德，懂得付出与收获的关系，体会劳动成果的来之不易，从而更加珍惜和尊重他人的劳动。古人云："纸上得来终觉浅，绝知此事要躬行。"通过亲身参与劳动，学生能够将书本知识与实践相结合，增长智慧，提高解决实际问题的能力。同时，劳动也是一种锻炼身体的方式，能够强健体魄，增强体质。此外，劳动还能让人领悟生活中的美，培养审美情趣和创造力。可以说，劳动是实现德智体美劳全面发展的重要途径。

当下，学校必须高度重视劳动教育，将其完整地体现在课程表中，切实加强对学生劳动意识、精神和技能的培养。劳动教育有利于引导青少年实践创新。教育家陶行知说："教学做是一件事，不是三件事。我们要在做上教，在做上学。"列夫·托尔斯泰也指出："劳动能唤醒人的创造力。"劳动为学生提供了实践创新的平台，让他们在亲身体验中学习和成长。学校通过加强劳动教育，让学生学会劳动，养成劳动习惯，在劳动中磨炼意志，培养坚韧不拔的精神。

那么，如何扎实推进劳动教育呢？这需要从多方面综合考虑。首先，要营造良好的劳动教育文化氛围。学校应当通过校园文化建设，宣传劳动的价值和意义，让学生在潜移默化中受到熏陶。在校园中，可以展示劳动模范的事迹，举办劳动主题的展览和讲座，让学生了解劳动对于社会发展的重要贡献，激发他们对劳动的崇敬和向往。其次，要加强劳动课程建设。学校要根据学生的年龄特点和身心发展规律，设计系统、科学的劳动课程。课程内容不仅包括劳动知识和技能的传授，还要注重培养学生的劳动思维和创新能力。可以开设手工制作、农业种植、家务劳动等多样化的课程，让学生在不同的劳动实践中提高动手能力和综合素养。再者，丰富多样的劳动实践活动不可或缺。学校可以组织学生参与校园清洁、植树造林、社区服务等活动，让他们在实际劳动中感受劳动的乐趣和价值。同时，鼓励学生参与课外劳动实践，如参加志愿者活动、参与农业生产等，拓宽劳动视野，增强社会责任感。此外，还要建立科学合理的劳动教育评价机制。评价不仅要关注学生的劳动成果，更要注重学生在劳动过程中的成长表现。在评价中及时发现问题，调整教育策略，促进劳动教育不断完善。

家庭在劳动教育中也起着不可替代的作用。家长作为孩子的第一任老师，要言传身教，规范自己的言行，为孩子树立热爱劳动的榜样。日常生活中，家长要让孩子参与家务劳动，培养他们的自理能力和责任感。

劳动教育被纳入党的教育方针，彰显出国家对教育发展的精准引领。学校作为教育的关键场所，要切实承担起开展劳动教育的责任，将劳动教育落实落细，让其在校园里扎实开展。

学校、家庭、社会携手合作，形成合力，才能让学生们在劳动实践中不断成长，提升综合素养，成为德智体美劳全面发展的优秀人才。我们期待看到，这些学生未来能在各个领域发光发热，实现个人价值。他们会把劳动教育中习得的坚韧不拔、创新精神和协作能力融入未来的学习、工作中。无论是在实验室专注科研，还是在创业浪潮中拼搏，抑或是在平凡岗位上默默耕耘，都能凭借劳动教育赋予的能量，积极应对挑战，不断突破自我，走出精彩的人生轨迹。

第四篇

以人为本　日新其德

投身教育多年，东北路小学承载了我诸多教育理想与心血。在岁月的沉淀中，我愈加深刻地领悟到，教育的核心始终是人，学校的蓬勃发展依托于师生与家长的携手共进。

回首过往，每一步都凝聚着大家的付出。在此篇章，我满怀期待：愿我们的老师，是有情怀、精专业、善启智的引路人，以爱为灯，照亮孩子们前行的每一步；愿我们的家长，做懂倾听、会陪伴、能引导的智慧守护者，与学校同频共振，为孩子营造温暖港湾；愿我们的孩子，能在这充满人文关怀的校园里，养蓬勃之意气，书少年之华章。

教育之路，任重道远，但我坚信，只要我们心向一处、力聚一方，便能开启无限可能的未来。

第一章

致孩子们：未来可期

一、养蓬勃之意气，书少年之华章（在开学典礼上的讲话）

在这个阳光明媚的日子里，我们迎来了新的学期。新入学的小同学们，你们就像初升的太阳，给东北路小学带来了新的希望和活力。同时，也欢迎新加入的老师们和转入的同学们，你们的到来为我们的校园注入了新的血液和力量。你们不是简单地来到了一个新的学校，而是踏入了一片充满机遇和挑战的知识海洋，开启了一段全新的成长之旅。

经过整整一个暑假，我们的校园面貌焕然一新。学校东侧的大门闪亮打开。这不仅仅是一个门，它凝聚着无数人的心血，是东北路小学迈向未来的新起点、新征程。这扇门，是我们通往知识殿堂的新入口，是我们追求卓越的新通道。它见证了我们的努力与奋斗，也将陪伴我们走向更加辉煌的未来。

新的学期，新的开始，我们站在新的起点上，怀揣着新的期待。"恰同学少年，风华正茂；书生意气，挥斥方遒。"毛主席的这句诗，生动地描绘了少年们的蓬勃朝气和远大志向。"少年智则国智，少年富则国富，少年强则国强，少年独立则国独立，少年自由则国自由，少年进步则国进步。"你们作为新时代的少年，肩负着国家的未来和民族的希望。

那么，什么是"养蓬勃之意气，书少年之华章"呢？蓬勃之意气，是一种积极向上、勇往直前的精神风貌。它代表着我们要有坚定的信念、顽强的意志和不屈不挠的精神。在学习和生活中，我们会遇到各种各样的困难和挑战，但只要我们拥有蓬勃之意气，就能够勇敢地面对它们，克服它们。我们要像雄鹰一样，在天空中展翅翱翔，不畏风雨，不惧艰难。

书少年之华章，就是要我们用自己的努力和奋斗，书写属于我们自己的精彩篇章。我们要珍惜时光，努力学习，不断提高自己的综合素质。在课堂上，我们要认真听讲，积极思考，勇于提问，努力掌握知识和技能。在课外，我们要积极参加各种社会实践活动，拓宽自己的视野，增长自己的见识。我们要培养自己的兴趣爱好，发展自己的特长，让自己成为一个全面发展的人。

养蓬勃之意气，书少年之华章，需要我们从身边的小事做起。我们要遵守校规校纪，尊敬师长，团结同学，爱护环境。我们要养成良好的学习习惯和生活习惯，做到自律、自信、自强。我们要树立正确的人生观、价值观和世界观，培养自己的社会责任感和使命感。我们要关心国家大事，关注社会热点，为实现中华民族的伟大复兴贡献自己的力量。

东北路小学是一所具有悠久历史和优良传统的学校。在这里，我们有优秀的教师团队，他们爱岗敬业，无私奉献，用自己的智慧和汗水，为我们的成长和发展奠定了坚实的基础；在这里，我们有丰富的教学资源和良好的学习环境，为我们的学习和生活提供了有力的保障；在这里，我们还有一群志同道合的小伙伴，我们一起学习，一起进步，一起成长。让我们珍惜这来之不易的学习机会，努力拼搏，为自己的梦想而奋斗。

在新的学期里，我希望老师们能够继续发扬爱岗敬业、教书育人的精神，不断提高自己的教育教学水平，为学生的成长和发展贡献自己的力量。我也希望同学们能够以更加饱满的热情、更加认真的态度、更加刻苦的精神，投入到学习和生活中去。让我们携手共进，同行致远，共同创造东北路小学更加美好的明天！

二、科技之旅点亮未来之光（在东北路小学科技节开幕式上的讲话）

在这个充满希望和活力的日子里，我们满怀喜悦地迎来了东北路小学科技节活动。

当今世界，正处于一个科技变革的时代。全球面临着诸多亟待解决的问题，如气候变化、粮食安全、能源安全、生物安全以及外层空间利用等。在这样的背景下，新一轮科技革命和产业变革以惊人的速度向前推进，学科之间的交叉融合日益频繁，科学技术与经济社会的渗透融合不断加深，国际科技竞争的焦点逐渐向基础前沿领域转移。

回顾中国的历史长河，我们曾在科技领域引领世界数千年。早在宋代，中国的科技发展就已达到巅峰，活字印刷术的发明推动了文化的广泛传播，先进的造船技术让我们的船队能够远航四海，浑天仪的精妙展现了古人对天文的深刻理解。当时的中国，在科技方面让西方难以望其项背。

而如今，中国的科技发展更是日新月异，不断缩小与发达国家的差距，稳步迈向世界科技强国的行列。党的二十大报告明确指出，必须坚持科技是第一生产力，人才是第一资源，创新是第一动力。我们要加快建设世界重要人才中心和创新高地。从"两弹一星"精神、西迁精神到探月精神、载人航天精神、新时代北斗精神，我国数代科技工作者通过不懈奋斗，共同铸就了"追求真理、勇攀高峰"的科学精神和"以身许国、心系人民"的光荣传统。弘扬科学家精神，涵养优秀学风，这正是我们举办科技节的初心所在。

本次科技节的主题是"科技筑梦成长"。在这次科技节里，我们各个班级都准备了丰富多彩的活动。有的班级举办专家科普讲座，邀请业内专家为同学们带来前沿的科技知识；有的班级播放科普视频，通过生动的画面和精彩的解说，激发同学们对科学的兴趣；有的班级开展科技秀，让同学们亲身感受科技的神奇魅力；有的班级开展科技探究活动，培养同学们的实践能力和探索精神；还有的班级举办科技制作作品展，展示同学们的创意和才华。

我们要在教育"双减"中做好科学教育的加法，激发同学们的好奇心、想象力和探求欲。实践出真知，只有在实践中体验，同学们才能真正理解科学的奥秘；只有在体验中创新，同学们才能不断突破自我；只有在创新中收获成长，同学们才能为未来的科技发展积蓄力量。

建设世界科技强国并非一蹴而就，需要一代又一代人的不懈努力和接力奋斗。同学们，科技其实就在我们身边，我们日常所学的每一门学科知识，都是在为未来的科技发展储备能量。就像涓涓细流汇聚成江河，每一小步的积累都能通向千里之遥。在祖国未来的建设中，在不同的科技工作岗位上，一定会有我们同学们活跃的身影。所以，请同学们珍惜当下的学习时光，努力学习科学文化知识，培养自己的创新思维和实践能力。让我们一起走进科技的世界，怀揣着梦想，勇敢地去探索未知，去创造未来！

三、承载梦想，驶向美好彼岸（新年寄语）

时光如白驹过隙，新的一年已悄然来临。在这充满希望和憧憬的时刻，我想向你们送上最真挚的新年祝福。

回首过去的岁月，那些充满爱与温暖的瞬间，如点点繁星，照亮了我们平凡的生活，给予了我们无尽的力量，让我们有勇气去迎接新的一年。每一位努力向上的教育工作者，每一个为梦想奋斗的身影，都值得我们致以崇高的敬意。感谢你们，让这个世界变得更加美好。

我们生活的世界既广阔又奇妙。它大到拥有不同的语言、肤色和文化，让我们感受到多元的魅力；它又小到我们共享同一片蓝天和同一个地球，让我们明白彼此的命运紧密相连。在这人间烟火中，总有一些人和事能触动我们内心最柔软的角落，让我们感动得热泪盈眶。当我们一起回顾走过的日子，会发现有许多值得珍藏的回忆。既有那些充满欢笑和泪水的瞬间，也有我们共同努力和成长的足迹。如今，我们站在新年的起跑线上，心中满怀希望，准备只争朝夕地去追逐梦想。新的征途已在脚下徐徐展开，无论前方有多少艰难险阻，我们都要勇敢地再次出发。

"路虽远，行则将至；事虽难，做则必成。"任何伟大的成就都源自一点一滴的积累。"不积跬步，无以至千里；不积小流，无以成江海。"天下的大事，必从细微之处做起；天下的难事，必从容易的地方突破。只要我们坚持不懈，就一定能够实现目标。在新的一年里，我们将努力追求教育的高品质发展，为你们创造更优质的学习环境和更丰富的知识宝库。我们要让"双减"政策真正落地生根，让你们在轻松快乐的氛围中学习和成长，让知识的花朵在你们心中绽放得更加绚烂。我们共同谱写教育事业发展的新篇章，也期待着你们在这个过程中收获满满的幸福和成长。

新的一年，希望你们能保持对世界的好奇，勇敢地去探索未知。愿你们拥有坚定的信念，无论遇到多大的困难，都能勇往直前。愿你们心怀感恩，珍惜身边的人和事，用爱去温暖这个世界。愿你们的梦想如绚丽的烟火，在新的一年里绽放出最耀眼的光芒。过去的一年，我们的脚步从未停歇，感恩一路有你们的陪伴。新的一年，让我们继续携手前行，温暖相伴，共同走向更加美好的未来。祝福每一个孩子在新的一年里健康快乐、学业进步、梦想成真。

四、共赴足球盛宴，追逐青春梦想（在"东北路小学杯"国际青少年足球精英赛开幕式上的讲话）

在这景色宜人的时节，我们相聚在美丽的大连，共同迎来"东北路小学杯"国际青少年足球精英赛的盛大开幕。

在未来的几天里，多支青少年精英球队将在东北路小学的操场上展开激烈角逐，上演一场场精彩绝伦的足球对决。作为东道主，我们衷心希望每一位小球员都能在赛场上尽情发挥，展现出最佳水平，勇攀高峰，争取优异的成绩。

足球梦，亦是中国梦。国家提出，足球要从娃娃抓起，从校园抓起。校园足球，不仅仅是训练学生的体育运动技能、技术技能，以及增强学生的体魄，更为重要的是让学生们领悟足球精神：机智果断、顽强拼搏、团结合作、密切配合、相互友爱，这些精神品质，正是每一个成长中的孩子所必需的。我们将其归结为"健康参与、合作拼搏"的足球精神。

东北路小学在足球领域有着深厚的历史底蕴。多年来，我们培养出了400多名职业球员，输送了百余名国脚。他们在各自的赛场上绽放光芒，为中国足球事业贡献了力量。而我们举办"东北路小学杯"国际青少年足球精英赛，旨在让更多的孩子走进足球的世界，体验足球的魅力。通过这样的交流平台，大家能够相互切磋，共同进步，在球技上得到提升的同时，也能建立起深厚的友谊。

足球，是一项充满魅力和激情的运动。它教会我们在面对挑战时勇往直前，在团队协作中学会信任与担当，在失败中吸取教训，在胜利中保持谦逊。每一次的奔跑、每一次的传球、每一次的射门，都是对自我的挑战和超越。在这个赛场上，无论结果如何，希望大家都能珍惜这次难得的机会，去感受足球带来的快乐，感受团队的力量，感受友谊的珍贵。迎着夏季的海风，我们相聚在美丽的滨城大连。愿大家在享受比赛的同时，也能领略大连的美景，品尝大连的美食，留下美好的回忆。

小球员们，愿你们在赛场上尽情驰骋，释放激情，展现风采。教练员们，感谢你们的辛勤付出和悉心指导。让我们共同期待，这场充满活力、充满激情、充满友谊的足球盛宴！最后，祝福大家心想事成，未来可期！愿足球的梦想在你们心中生根发芽，茁壮成长！

五、方向让努力更有意义（国旗下的讲话）

在这庄严的国旗下，我想和大家探讨一个对我们未来发展影响深远的话题——方向与努力的关系。我们都深知努力的重要性，在学习和生活中，大家都付出了许多的汗水和时间。然而，我们有没有想过，倘若努力的方向不正确，会带来怎样的后果？

先给大家讲一个小故事。有一位勇敢的登山者，他满怀热情，决心征服一座高峰。他日复一日地攀登，不辞辛劳，可最终却发现自己离山顶越来越远。原来，他在攀登的过程中迷失了方向，尽管他付出了巨大的努力，却走向了错误的路径。同学们，这个故事是不是让我们有所思考？在我们的学习和成长过程中，如果没有清晰明确的方向，就很容易陷入迷茫和困惑之中。我们可能会花费大量时间和精力，却得不到理想的结果，甚至感到越来越疲惫和无助。比如，在学习中，如果没有确定好自己的目标，只是盲目地跟风，别人学什么自己也学什么，没有根据自己的实际情况和兴趣特长来规划，那么即使再努力，也可能无法取得显著的进步。又如，在参与社团活动或者兴趣小组时，如果没有明确自己参与的目的，只是随大流，那么可能参与了很久也没有真正的收获。那么，如何才能找到正确的方向呢？这需要我们静下心来，认真思考自己的兴趣爱好、优势劣势以及未来的梦想。只有明确了自己想要成为什么样的人，想要实现什么样的目标，才能为努力指明方向。就如同在茫茫大海中航行的船只，如果没有灯塔的指引，就容易迷失方向。我们在前进的道路上，也需要给自己树立一个明确的"灯塔"，这个"灯塔"就是我们的目标和方向。有了它，我们才能判断自己的行动是否正确，才能及时调整策略，避免走弯路。

要知道一旦方向错误，再多的努力都可能是徒劳。这就好比一场赛跑，如果跑错了赛道，跑得再快，也无法到达终点。在面对考试、竞赛或者其他挑战时，我们不能仅仅满足于自己的努力过程，更要关注努力的结果是否达到了预期。如果没有，就要反思是不是方向出现了偏差。例如，有些同学为了提高某一科目的成绩，拼命做题、背书，牺牲了大量休息时间，可成绩依然没有明显提升。这时候，就应该停下来想一想，是不是学习方法不对，是不是努力的方向偏离了重点。

在未来的人生道路上，我们会面临各种各样的选择和挑战。在这个过程中，明确方向比盲目努力更加重要。健康对于我们来说，比单纯的成绩更为关键；情商的培养，也比智商的提升更具长远意义。我们要学会找准自己的方向，然后坚定不移地朝着这个方向努力前行。有时候，我们的进步会比较缓慢，但只要方向正确，每一步都离目标更近一步。不要贪多求全，试图在各个方面都做到完美，而是要集中精力，朝着一个明确的方向奋勇前进。最后，希望同学们都能选准自己的方向，让努力变得更有价值、更有成效，在实现梦想的道路上稳步前行！

六、寻觅成为受欢迎者的诀窍（在少先队小干部座谈会上的讲话）

今天，我们相聚在这里，共同探讨一个非常有意义的话题：如何让自己成为一个受欢迎的人，特别是作为少先队干部，如何成为同学们喜欢和信赖的伙伴。

我们先来谈谈守时这个重要的品质。在人际交往中，守时是对他人的尊重，也是给自己树立良好形象的关键。当我们与他人约定了时间，就一定要准时赴约。想象一下，如果每次和同学约定一起做活动或者讨论事情，你都能按时到达，同学们会怎么想？他们一定会觉得你是一个可靠、值得信赖的人，这样的好印象会让大家更愿意与你合作和交流。幽默和风趣也是让我们受欢迎的一大法宝。一个充满幽默感的人，就像一颗闪闪发光的星星，能给周围的人带来无尽的欢乐。当大家和你在一起时，总是充满了欢笑声，那是多么美好的场景啊！同学们会自然而然地被你的快乐所感染，愿意更多地与你相处。但要注意，幽默也要适度，不能把幽默变成嘲笑或者讽刺。经常面带微笑也是很重要的。微笑是世界上最美丽的语言，传递着温暖和友善。当你用微笑与同学们沟通时，他们能感受到你的正能量，会更愿意靠近你，向你倾诉他们的喜怒哀乐。而且，微笑还能让我们自己保持积极的心态，面对学习和生活中的各种挑战。

赞美他人是一种美德。每个人都渴望得到认可和赞美，当我们发现同学们的优点和长处，并真诚地表达赞美之情时，他们会感到无比开心和受到鼓舞。同时，这也能拉近我们与同学们之间的距离，建立起更深厚的友谊。谦虚也是我们应该具备的品质。作为少先队干部，我们可能在某些方面表现出色，但不能因此骄傲自满。虚心接受别人的意见和建议，能够让我们不断进步，也能让同学们看到我们的谦逊和好学。谦和有礼貌更是必不可少的。在与同学们交流时，要用文明的语言，尊重他人的想法和感受。一句"请""谢谢""对不起"，看似简单，却能展现出我们的修养和素质。在衣着方面，保持干净大方是很重要的。作为学生，我们的穿着应该体现出青春活力和正能量。整洁的校服，整齐的发型，都能让同学们觉得你是一个有条理、有自律性的人。学会分享是一种无私的品质。当我们把好的事情、好的物品与同学们共同分享时，我们自己不仅能收获快乐，还能让同学们感受到我们的慷慨和友善。分享知识、分享快乐，能让我们的团队更加团结，更加充满活力。

感恩是一种美好的心态。我们要学会感恩身边的一切，感恩老师的教导，感恩同学的帮助，感恩父母的关爱。我们可以通过各种方式表达我们的感恩之情，比如写一封感谢信，或者做一件力所能及的事情回报他们。怀着感恩之心，我们能更加珍惜现在所拥有的，也能以更积极的态度面对生活。我们要做到不随意评价他人，尤其是不做不礼貌、不利于团结的评价。每个人都有自己的优点和不足，我们要用包容和理解的心态去对待同学们。如果发现同学有不足之处，应该以友善和帮助的方式提出建议，而不是恶意批评。

作为少先队干部，我们要以身作则，努力培养这些优秀的品质和习惯。只有这样，我们才能真正成为同学们喜欢和尊敬的榜样，带领大家共同进步，让我们的少先队组织更加充满活力和凝聚力。让我们从现在开始，从每一件小事做起，不断完善自己，成为那个在校园里处处受欢迎的人。用我们的热情和真诚，为同学们带来温暖和力量，共同度过美好的校园时光！希望大家都能牢记今天的讨论，在今后的学习和生活中不断努力，成为更好的自己。

七、足球梦想从校园起航（在中国足协中国之队进校园活动中的讲话）

在这万木葱茏、一揽芳华的初夏时节，我们相聚在美丽的东北路小学校园，隆重举行中国足协中国之队进校园活动。中国足协中国之队选择东北路小学作为此次意义非凡的活动的举办学校，是对我校校园足球工作的高度认可与鼎力支持。

岁月沉宁，光彩迎新。东北路小学的足球有着辉煌的历史，是中国少年足球的摇篮。一代又一代的东北路人在足球领域辛勤耕耘，为国家队、国奥队、国青队、国少队输送了众多国字号球员，为甲级以上足球俱乐部也输送了大批人才。这离不开学校一直以来对足球事业的重视与投入，离不开老师们的悉心教导，更离不开同学们对足球的热爱与追求。

校园足球是实现中国足球未来愿景的重要基石。推进校园足球发展，是我国体育教学事业的关键举措。校园足球不但能提升同学们的身体健康水平，让大家拥有强健的体魄去应对学习和生活中的种种挑战，还能培养大家的团队协作能力、竞争意识和坚韧不拔的品质。

在我们东北路小学，足球不仅仅是一项运动，更是一种精神的象征。它教会我们团结一心，勇往直前；它让我们明白，失败并不可怕，只要坚持不懈，就一定能迎来成功的曙光。足球让我们懂得尊重对手，学会在竞争中不断超越自我。每一次的训练、每一场比赛，都是我们成长的脚步，都是我们追逐梦想的轨迹。以人为本，日新其德。东北路小学将紧紧围绕"以球育德、以球健体、以球促智"的校园足球理念，进一步打造体教融合的平台载体，切实提升足球文化特色品牌。

校园足球工作的开展是一个长期而持续的过程。我们学校会一如既往地支持足球运动的发展，为大家提供更好的训练条件和更多的比赛机会。我们会邀请更多优秀的教练来指导大家，让大家的足球技艺不断提高。同时，我们也会加强足球文化的建设，让足球精神融入我们的校园生活中，成为我们共同的价值追求。"大鹏一日同风起，扶摇直上九万里。"世界广袤，时光漫长，在你们的足球之路上，还需攀登更高的峰峦，领略更多的景致，结识更多的朋友、对手与伙伴。很快，我们即将开展足球对抗训练活动，大家能够亲耳聆听国足教练员和国脚大哥哥们的亲切指导与精准点评。这些对我们而言，皆是无比珍贵的经历，在我们的成长途中具有里程碑式的重要意义。期望你们在球场上顽强奋战，追逐少年时期的梦想，体悟时代的风采，努力成为未来中国足球可堪大用、能担重任的中坚力量。

足球之路充满挑战，但也充满希望。只要你们心怀梦想，努力拼搏，就一定能在足球场上绽放属于自己的光芒。愿你们都能成为中国足球未来的希望之星，为实现中国足球的腾飞贡献自己的力量！让我们携手共进，在足球的世界里书写属于我们东北路小学的精彩篇章。

八、在正确的时间做正确的事（国旗下的讲话）

"春种一粒粟，秋收万颗子。"农时对于农民的耕种有着决定性的意义，只有严格遵循二十四节气的规律去播种、灌溉、施肥，才能迎来那满满的粮仓和喜悦的笑容。倘若违背了自然的节律，即便付出数倍的汗水与辛劳，也可能只能面对荒芜的田地和失落的心情。其实，人生又何尝不是一场与时间的约定，需要我们在正确的时刻做出恰当的选择。

亲爱的同学们，对于正处于青春年华的你们来说，现在就是生命中最为珍贵、最为关键的时期。这是学习的黄金阶段，你们拥有着充沛的精力、活跃的思维和惊人的记忆力。此刻，应当心无旁骛地投入到知识的海洋中，努力汲取养分，让自己在德智体美劳等各个方面都得到全面的发展，为未来的人生之路奠定坚实的基础。想想看，当清晨的阳光洒进教室，那是知识在向你们招手；当夜晚的灯光陪伴你们埋头苦读，那是梦想在悄悄靠近。如果在这个时候，你们选择了沉迷于玩乐，将宝贵的时间浪费在无意义的事情上，就如同在春天错过了播种的最佳时机，未来又怎能期待有丰硕的果实呢？

人生就像一场旅行，每个阶段都有其独特的风景和使命。在学生时代，学习就是你们的主要任务。它不仅能赋予你们知识和智慧，更能培养你们的品格和能力。就如同建造高楼大厦，只有打下牢固的根基，未来才能承受住风雨的洗礼，屹立不倒。也许你们会觉得学习很辛苦，会遇到各种各样的困难和挑战，但请相信，每一次克服困难的过程，都是成长的脚步；每一次战胜挫折的经历，都是成功的积累。而且，学习并不仅仅局限于课堂和书本，它存在于生活的每一个角落。参加一次社团活动，锻炼了自己的组织能力；参与一场志愿者服务，学会了关爱他人；进行一次实验探究，培养了创新思维。这些都是学习的一部分，都是在正确的时间做着正确的事情。

年轻的时候，就像一年中的春夏，充满了生机与希望，是勇敢追求梦想、努力拼搏的最佳时光。在这个阶段，你们要勇敢地去尝试新事物，不怕失败，不怕困难。因为只有经历了风雨，才能见到那绚丽的彩虹。要做到在正确的时间做正确的事，需要你们学会合理规划时间。制订一个清晰的学习计划，明确每天、每周、每月的目标和任务，让时间在有条理的安排中得到充分利用。同时，要有果断行动的决心，不要总是拖延。"明日复明日，明日何其多。"当有了目标和计划，就要立即行动起来，将想法转化为实际行动。

在前进的道路上，难免会遇到困难和挫折。但不要害怕，要勇敢地面对它们。困难是成长的磨刀石，只有经历了磨砺，才能变得更加坚强和成熟。要相信自己的能力，相信坚持的力量，只要不放弃，就一定能够克服困难，走向成功。

同学们，时间是公平而又无情的。它不会因为我们的悔恨而倒流，也不会因为我们的期待而停留。让我们珍惜每一分每一秒，把握当下，在正确的时间做正确的事。相信在未来的日子里，你们一定会收获满满的幸福和成就。

九、于无声处扎根，在逐光中绽放

亲爱的孩子们，在成长的旅程中，你们奋力奔跑、挥洒汗水，用心付出诸多努力，满心期许收获理想的成果。然而，现实常不尽人意，精心筹备许久的考试，或许成绩公布时却与目标相差甚远；苦练许久的才艺表演，也许舞台上并未收获如雷掌声；又或者倾尽全力参与的竞赛，最终遗憾与奖杯失之交臂。可恰是在这看似灰暗的时刻，成长的真谛才会悄然铺展，其间蕴藏着通往光明未来的密码，静候你们去探寻、去解锁。

你们知道吗，自然界中的竹子，有着令人惊叹的成长历程。它用整整 4 年时间，一门心思向下扎根，根系在土壤中蜿蜒拓展，接触面积可达数百平方米之广，可在这漫长的 4 年里，它仅仅长高 3 厘米，如此缓慢的生长速度，仿若岁月都在悄然沉睡。然而，一旦熬过这默默扎根的时期，到了第 5 年，奇迹骤然降临，竹子像是被施了魔法，以每天 30 厘米的惊人速度拔节生长，短短 6 周，便能蹿升至 15 米的高空。前 4 年的隐忍与沉淀，看似无声无息、平淡无奇，实则是在积攒磅礴力量，广纳水分、汲取营养，厚积而薄发。人生恰似这竹子的生长，许多优秀之人都有一段无人问津、默默耕耘的时光。他们将精力倾注于扎根，沉下心去积累知识、磨砺技能、锤炼心智，只为等待那蜕变腾飞的一刻。

在学习的天地里，你们为攻克一道道难题绞尽脑汁，为牢记一个个知识点反复诵读，也许当下考试成绩并未如预期般理想，抑或努力许久仍未在班级中崭露头角。但请坚信，每一次专注地钻研难点，每一回用心地吃透知识点，都是在为知识大厦添砖加瓦，是在往知识土壤里深植根基。那些密密麻麻写满思考的笔记，绝非徒劳，它们如同竹子扎根时悄然延伸的根系，正一点点拓展你们学识的广度与深度，悄然积攒着未来一飞冲天的能量。

运动会的赛场上，你们挥洒汗水、全力冲刺，满心期待能站在最高领奖台，可有时拼到力竭，冠军荣誉却归属他人。别气馁，每一次训练中的咬牙坚持，每一场比赛里的奋力拼搏，都是对体能、意志与协作精神的锤炼。即便没有戴上那闪耀的奖牌，这段经历也已化作宝贵的成长养分，注入你们的身心，让你们拥有更顽强的毅力、更坚韧的品质去直面后续的挑战，恰似竹子扎根时汲取的营养，会在未来支撑它挺拔生长。

努力，绝非空洞的口号，而是一把雕琢自我的神奇刻刀。每日迎着晨曦诵读诗词文章，那是在打磨语言表达的精妙棱角；课堂上全神贯注思考老师抛出的问题，是在雕琢思维的锐利锋芒；积极投身社团活动，锻炼组织、沟通能力，是在镌刻人际交往的灵动纹路。日复一日，年复一年，努力让青涩懵懂的你们，逐步蜕变成为有实力追逐梦想、心怀热忱的有志少年，绽放属于自己的独特光芒，活成理想中闪闪发光的模样。

成长的道路上，成功与失败就像一对形影不离的伙伴，相伴相随。失败不是令人沮丧的终点，而是珍贵的垫脚石。当我们在学习、比赛乃至生活中遭遇挫折跌倒时，内心或许会被失落笼罩，但只要勇敢起身，便能发现，这一跤摔出了经验、摔出了教训、摔出了越发强大的内心。每一次失败都是锤炼内心韧性的烈火，让我们在淬炼中变得更加果敢，无惧未来路途的坎坷。

孩子们，青春正好，时光最美，此刻的你们正如那蓄势待发的春笋，怀揣努力这把金钥匙，一步一个脚印，稳稳扎根，踏实迈进。过往挥洒的每一滴汗水、历经的每一件事情，无论大小，皆是在悉心铺就独属于你们的成长之路。在这条路上，有欢笑、有泪水、有拼搏、有思索，它们交织、沉淀，铸就你们内心的力量，标注你们前行的刻度。

愿你们成长的每一天都盈满奋斗价值，不负韶华，不负少年。未来，当你们长大，你们将拥有更坚实的臂膀，去扶起摔倒的老人、去帮衬困境中的伙伴，用点滴善举汇聚爱心暖流，为他人遮风挡雨；未来，当你们长大，你们能凭所学之长投身时代浪潮、改良老旧街区、助力乡村振兴，让荒芜生出繁花，使落后奔赴前沿，为社会添砖加瓦；未来，当你们长大，你们会以创新之思、无畏之举，守护绿水青山，攻克科研难关，传播正向能量，让世界因你们的存在，多一抹亮色、增一份希望、添几分美好。

孩子们，向着未来果敢地进发吧，精彩人生就在前方！

十、东北路孩子成长的纪念册（在六年级毕业典礼上的讲话）

在这个阳光明媚、充满希望的日子里，我们满怀深情地相聚在这里，为即将毕业的六年级同学们举行隆重的毕业典礼。同学们，小学生活犹如一部精彩绝伦的长篇画卷，六年的时光，两千多页的篇章，在不经意间匆匆翻过。东北路小学，是你们梦想起航的港湾，是你们心灵栖息的家园。

回首这六年，你们与学校一同成长，共同进步。还记得初入校园时，你们那充满好奇与憧憬的眼神，那稚嫩的脸庞和纯真的笑容。如今，你们已长成翩翩少年，即将展翅高飞。

六年来，你们感受到了温暖的同学情。在足球场上，你们并肩奔跑，挥洒汗水，为了共同的目标而拼搏；在美丽的校园里，你们追逐嬉戏，欢声笑语回荡在每一个角落；在大树下，你们促膝长谈，分享着彼此的小秘密和梦想；在课堂上，你们专心致志，孜孜以求，探索着知识的奥秘。那些一起度过的时光，无论是成功时的欢呼雀跃，还是失败时的相互鼓励，都成为你们心中最珍贵的回忆。六年来，你们也感受到了深厚的师生情。老师们如明灯，照亮你们前行的道路；如春雨，滋润你们求知的心田。他们用耐心和爱心，引导你们成长，传授你们知识，培养你们良好的品德。每一次的教诲，每一次的鼓励，都饱含着老师对你们的殷切期望。在这六年里，你们不仅培养了良好的品德，更掌握了丰富的知识。你们学会了尊重他人，学会了关爱集体，学会了诚实守信。在知识的海洋里，你们畅游古今，领略了中华文化的博大精深；你们探索科学，感受了自然世界的神奇奥秘；你们欣赏艺术，培养了审美情趣和创造力。这些品德和知识，将成为你们人生道路上最宝贵的财富。同时，你们也用自己的青春活力装点了美丽的东北路校园。你们的每一次努力，每一次付出，都让校园变得更加温馨、更加充满生机。

亲爱的同学们，这个世界上，大多数的爱都以聚合为目的，但老师对学生的爱，却是以分离为目的。因为老师希望你们能够羽翼丰满，飞向更高更远的天空。东北路小学滋养了你们的少年时光，给予了你们知识和力量，为你们的未来奠定了坚实的基础。而如今，你们即将离开这个温暖的怀抱，去追寻自己的梦想。未来的道路或许充满挑战，但请相信自己的能力。你们要勇敢地面对困难，坚持不懈地追求自己的目标。无论遇到多大的风雨，都要保持乐观积极的心态，相信阳光总在风雨后。

希望你们能够珍惜时间，不断学习。知识是无穷无尽的，学习是永无止境的。在今后的日子里，要保持对知识的渴望和追求，不断充实自己，提升自己，让自己变得更加优秀。希望你们能够保持善良，关爱他人。在这个世界上，人与人之间的关爱和帮助是最温暖的力量。无论走到哪里，都要怀着一颗善良的心，去帮助那些需要帮助的人，让世界因为你们的存在而变得更加美好。希望你们能够心怀感恩，不忘母校。东北路小学永远是你们的家，无论你们走到哪里，无论你们取得多大的成就，都希望你们能够常回家看看，看看曾经的校园，看看曾经的老师和同学，分享你们的成长和喜悦。

同学们！草木会发芽，你们已长大。在母校深情的记忆里，你们永远是少年模样；在母校期盼的目光里，每一位真正的东北路人都会像种子一样随万物生长，都会努力踏过千重浪，一生向阳，迎风歌唱！最后，祝同学们毕业后前程似锦，未来的人生道路一帆风顺！愿你们在新的征程中，绽放出更加绚烂的光彩！

第二章

与老师们：携手共进

一、精琢多元教育方略，绘就师生成长新篇

提升教师教书育人能力、弘扬教育家精神，是建设教育强国的刚需。教育家精神恰如强劲引擎，赋予教师成长动力，助力教师汲取力量、修身精业，推动教育薪火相传。

1. 探源因材施教真义，诠释教育时代价值

启智润心，作为教育家精神中因材施教的核心要义，有着深厚的历史渊源，可追溯至春秋时期。孔子面对子路与冉有关于"闻斯行诸"这一相同问题，基于二人性格与行事风格的显著差异而给予不同解答。子路行事果敢却易鲁莽，孔子劝其先向父兄请教，以克制急躁情绪；冉有谦逊却常退缩，孔子便鼓励其果断行动，勿失良机。此等依据学生特质进行差异化引导之举，生动诠释了因材施教的内涵与精妙之处。

一路审视人类教育的历史进程到智能时代的今天，因材施教无疑是全球教育领域极具分量的教学原则。它不仅深植于中国传统教育中，更跨越国界，得到世界教育界的广泛认可与遵循。苏霍姆林斯基在《给教师的100条建议》中明确提出，教师要精准判断每个学生当下以及后续才能、智力的发展态势。

这是教育实践的关键环节，为因材施教的落地夯实基础，成为挖掘学生潜能、助力长远发展的必由之路。纵观国际，诸多顶尖学府早已将因材施教融入教学日常。一些高校设置丰富的选修课程，分层教学，精准匹配不同学生的学习节奏与兴趣偏好，推行跨学科项目，鼓励学生依据自身特长组队探索，全方位激活个体能量。当下研讨因材施教，于全球教育而言，是回归教育初心、遵循学生成长规律，也是借科技之力、前沿理念，突破传统局限，迈向更高育人水准的顺势之举，推动教育不断契合多元时代的需求。

诸多教育大家代代接力，不断丰富、拓展着因材施教的理念内涵，让这一思想深深扎根于教育的沃土。步入个性化教育方兴未艾、稳步前行的当下，科技飞速发展为其添翼赋能，大数据精准分析学情，人工智能辅助定制教学方案，助力教师更加敏锐地洞察学生差异。因材施教愈加凸显其价值，让教育回归育人本真，成为滋养学生多元个性成长的源头活水，为培育契合时代需求的复合型人才筑牢根基。

2. 秉持尊重赏识理念，护航学生全面发展

教师的尊重，具象于一言一行。尊重，是教师育人过程中恒定的关键品质。于教师而言，尊重既是优秀的教育品质，更是践行教育使命的核心常识。教育的理想境界，是达成师生心灵深度契合、交往和谐融洽，其要诀在于教师要时刻心怀学生尊严，精心守护，全力托举。与学生平等对话、倾心交流，是搭建师生信任桥梁的基石。唯有如此，学生方能"亲其师、信其道、敬其业"，怀揣热忱追随老师的教导，进而求知、明理。尊重无小事。我们从耐心倾听学生发言、珍视他们独特想法做起，点滴汇聚，重塑教育的温度与深度。

赏识，其背后蕴含着深厚的理论根基，与诸多经典教育、心理学理论紧密相连，是推动因材施教、助力学生全面发展的关键力量。从马斯洛需求层次理论来看，人在满足生理、安全需求后，社交需求、尊重需求及自我实现需求渐次凸显。学生身处校园，渴望被认可、被尊重，期望在群体中彰显价值，赏识恰能精准对接这些心理诉求。罗杰斯的人本主义学习理论强调，教学要以学生为中心，营造积极、接纳的学习氛围。赏识便是营造该氛围的"催化剂"。教师传递"你值得被肯定"的信号。这契合学生内心的深层渴望，契合因材施教尊重个性、激发潜能的初衷。

3. 厚植教师教育匠心，赋能学生个性成长

埃里克森的人格发展理论点明，青少年阶段学生需建立自我同一性，探索"我是谁""我能做什么"等问题。教师在此充当"引航灯塔"，引导学生梳理兴趣特长，锚定个人发展方向；鼓励学生参与跨学科研究、综合性实践活动，打破知识界限，在复杂情境里调用多元能力，使个性由模糊试探迈向清晰笃定，让不同个性的学生在各自的成长轨迹上，收获知识、塑造品格，实现全方位的个性拓展与价值彰显，契合多元、个性的成长诉求。

身处当下时代，教育不再局限于知识的单向传输，承载着培育多元复合型人才的重任。教师作为教育实践的直接参与者，必须怀有教育家精神，才能不负使命。社会价值取向多元，学生个性越发彰显，成长路径各不相同。教育家精神赋予教师敏锐的洞察力与同理心，引导学生塑造健全人格，树立正确三观。教师的教育家精神如同纽带，一头连着学生个体成长，激发无限潜力；另一头连着学校育人体系优化，助力打造特色教育生态。教育与祖国发展同频共振，源源不断输送德才兼备之人，夯实国家人才根基。

教育，从来不是一份机械的工作，而是饱含温度、孕育希望的事业。其中，情怀与爱是贯穿始终的"生命线"。一名教师，虽然很难企及教育家的盛名高度，但教育家精神不可缺失。这份执着源自心底对育人的深情，是"一个都不能少"的教育坚守，是愿为学生成长奉献心力的纯粹情怀。唯有心怀热忱与执着，才担得起师者之名。教师怀揣教育家精神，便握住了育人"金钥匙"，守教育之初心。

二、做走进学生心灵世界的魅力教师

作为学校管理者，我们一直都在思考这样一个重要且实际的问题：如何能让每一位老师都受到学生的欢迎和喜爱？这并非易事，却又至关重要。在长期的探索和与众多老师的交流中，我们逐渐总结出了一些可行的方法。

教师的魅力首先体现在其扎实的教学功底上。一堂精彩的课，犹如一场引人入胜的演出，教师则是这场演出的导演兼主演。他们凭借丰富的专业知识、清晰的逻辑思维和生动的讲解方式，将复杂的知识变得通俗易懂，让学生在轻松愉悦的氛围中汲取知识的养分。一个能够深入浅出、旁征博引的教师，无疑会让学生对其课堂充满期待。比如，在讲解历史事件时，不仅能准确阐述事件的经过和影响，还能结合当时的社会背景、文化特点进行拓展，使学生仿佛穿越时空，亲身感受历史的厚重；在教授数学定理时，不是单纯地灌输公式，而是通过实例引导学生思考、探究，培养他们的解题能力和思维方式。这样的教师，以其深厚的学术造诣吸引着学生，让他们在知识的海洋中畅游。

然而，仅有扎实的教学功底还不够，和谐的师生关系也是教师魅力的重要组成部分。在课堂上，教师是知识的传授者；在课后，教师则应成为学生的知心朋友。以平等、尊重的态度与学生交流，倾听他们的心声，理解他们的困惑和需求。当学生在学习或生活中遇到挫折时，给予温暖的鼓励和切实的建议；当他们取得进步时，及时送上真诚的赞美。这种亦师亦友的关系，让学生感受到教师的关爱与支持，从而更加愿意亲近教师，进而对其所授课程产生兴趣。

教师的人格魅力在教育过程中也起着举足轻重的作用。一个具有高尚品德、乐观积极、充满正能量的教师，会在潜移默化中影响学生的价值观和行为方式。具有诚实守信、善良正直、勇敢坚毅等品质的教师，会成为学生模仿的榜样。例如，面对困难时教师展现出的坚韧不拔，对待他人时的宽容友善，处理问题时的公正公平，都能让学生在点滴中受到教育，培养良好的品德和行为习惯。而且，拥有人格魅力的教师往往具有独特的气质和风度，他们的自信、从容和优雅，会让学生心生敬仰，从而愿意追随其脚步，努力成为更好的自己。

保持一颗童心对于教师来说同样很重要。只有理解和体谅学生，才能真正走进他们的内心世界。用孩子的视角去看待问题，感受他们的喜怒哀乐，与他们产生共鸣。在教学中，融入有趣的元素，让课堂充满童真童趣。比如，通过讲故事、做游戏等方式，激发学生的学习兴趣，让他们在快乐中学习和成长。同时，教师要善于发现学生的闪光点，用欣赏的眼光看待每一个学生，让他们感受到自己的独特与重要。

此外，教师还需具备幽默风趣的特质。幽默是课堂的调味剂，能够缓解紧张的学习氛围，让学生保持轻松愉快的心情，更好地接受知识。一个幽默的教师，能够用诙谐的语言化解尴尬，用有趣的例子加深学生的记忆。比如，在讲解枯燥的概念时，穿插一些幽默的小故事或笑话，让学生在欢笑中记住重点；在批评学生的错误时，采用幽默的方式，既让学生认识到问题所在，又不会伤害他们的自尊心。这样的教师，能让课堂充满欢声笑语，使学生在轻松的氛围中爱上学习。

在教育教学中，等待和鼓励也是教师不可或缺的品质。每个学生都有自己独特的成长节奏，就像每一朵花有着不同的花期。教师要有耐心等待学生的成长，相信他们在适当的时候会绽放出属于自己的光彩。当学生遇到困难或挫折时，教师要给予鼓励，激发他们的自信心和内在动力。一句鼓励的话语、一个肯定的眼神，都可能成为学生前进的动力。正向的激励，可以让学生感受到教师的信任和支持，从而更加勇敢地面对挑战，努力追求进步。

善于反思也是教师提升魅力的关键。教学是一个不断探索和改进的过程，教师要经常反思自己的教学方法、与学生的互动方式以及处理问题的策略。通过反思，发现不足之处并及时调整，不断完善自己的教育教学理念和实践。只有不断进步和成长的教师，才能始终保持对学生的吸引力，让学生在其引领下不断前行。

心理学上的"互悦机制"表明，当教师发自内心地关爱学生时，学生也会自然而然地喜欢教师。这种爱是无私的、纯粹的，不带有任何功利性。教师要用心去感受学生的需求，用爱去温暖他们的心灵。关注学生的点滴进步，为他们的成功而喜悦，为他们的挫折而担忧。在这种相互喜爱的氛围中，教学效果往往事半功倍，学生不仅会喜欢上教师，更会积极主动地投入到学习中。

教师还要善于发现美、感受美，与学生一同沉浸在课堂之中。无论是知识的美、人性的美还是生活的美，都能成为教育的素材。教师引导学生欣赏文学作品中的优美词句，感受科学实验中的奇妙现象，体验艺术创作中的灵感迸发。在这个过程中，教师与学生共同成长，共同感受教育的魅力。

教师的魅力，是一种蕴含着深厚底蕴的综合力量。它藏在教师对专业知识的深度钻研里，体现在巧妙灵活的教学方法中，彰显于正直善良的人格品质上，更维系在与学生真挚温暖的情谊间。

亲其师，信其道。教师的一举一动，都如同春日里的微风，看似轻柔，却能在不经意间，在学生的心田种下梦想与希望的种子，影响着他们成长的轨迹。所以，我们要不断提升自我，用扎实的学识为学生打开知识的大门，用诚挚的爱心去拥抱每一个孩子的心灵，用教育的智慧点燃他们求知的热情。在与学生相处的岁岁年年里，我们会在他们遭遇难题时耐心讲解，在他们失落沮丧时轻声安慰，在他们取得进步时真心夸赞。这些点滴瞬间，看似平凡，却会成为学生记忆中珍贵的片段，在他们未来面对生活的波折与挑战时，给予温暖与力量。

让我们怀揣着这份教育的情怀，努力成为充满魅力的教师。因为我们深知，自己的每一份付出，都可能改变一个学生的人生走向；我们的每一点努力，都在编织着学生未来生活的模样。在这漫长的教育之路上，愿我们用爱与责任，陪伴学生一步步走向属于他们的人生，去感受生活的美好，去追寻内心的热爱。

三、做守望成长的教育农夫

在教育的田野上，教师宛如辛勤的农夫，手持希望的锄头，心怀美好的憧憬，精心培育着每一株幼苗。教育，如同农业生产，需要顺应时节、遵循规律，更需要投入无尽的耐心与关爱。每一个孩子，都是一颗独特的种子，他们带着各自的天赋和潜能，来到这片教育的田野。教师作为农夫，首要的任务便是尊重每一颗种子的成长节奏。正如农作物有其固定的生长周期，春播、夏长、秋收、冬藏，孩子的成长也有着内在的规律。我们不能急于求成，不能违背自然的法则去拔苗助长。

每一块土地都有其特性，每一颗种子都有其独特的需求。在教育的田野里，孩子们的个性千差万别，兴趣爱好各不相同，能力也各有千秋。有的孩子如同饱满的麦粒，充满了坚韧的力量；有的孩子恰似娇嫩的花朵，需要细心的呵护；还有的孩子仿佛柔韧的树苗，有着无限的成长空间。教师要像经验丰富的农夫那样，敏锐地观察每一株幼苗的特点，因材施教。对于那些善于思考的孩子，给予他们更多探索的机会；对于那些富有创造力的孩子，提供给他们更广阔的展示平台；对于那些性格内向的孩子，用温暖和鼓励打开他们的心扉。只有这样，才能让每一个孩子的潜能都得到充分的挖掘，让他们在适合自己的道路上茁壮成长。

孩子的成长，不仅仅需要知识的滋养，更需要情感的呵护和心灵的慰藉。就如同农作物离不开阳光雨露，孩子也需要来自家庭、学校和社会全方位的关爱与支持。教师不仅是知识的传播者，更是心灵的守护者。我们要关注孩子的情感需求，当他们在学习中遇到挫折时，给予鼓励的话语；当他们在生活中遭遇困惑时，进行耐心的开导；当他们在人际交往中遇到难题时，提供贴心的建议。为孩子们提供丰富的精神食粮，让他们的内心充满温暖和力量，是我们义不容辞的责任。

在孩子成长的道路上，难免会遇到"杂草"和"虫害"的侵扰。不良习惯、心理问题，就如同幼苗生长的阻碍。教师要像警惕的农夫一样，及时发现并帮助孩子清除这些阻碍；引导他们树立正确的价值观，培养良好的品德和行为习惯；为孩子营造一个健康、积极、向上的成长环境，让他们在纯净的土壤中茁壮成长。

教育是一场漫长的旅程，需要教师有静待花开的耐心。每一个季节的更替，农夫都能看到农作物细微的变化，从破土而出的嫩芽，到茁壮成长的植株，再到丰收的果实。在教育的田野上，教师也要以农夫之心去耕耘，去守望。我们会看到孩子们从懵懂无知到逐渐懂事，从依赖他人到独立自主，从迷茫困惑到目标明确。当我们迎来孩子成长、成才、成功的那一刻，那份满足和喜悦是无法用言语来形容的。

在三尺讲台上，每一位教师都应当怀揣着农夫之心，用爱与责任去浇灌每一株幼苗。我们要以耐心等待他们的成长，以细心呵护他们的梦想，以恒心坚守教育的初心。让我们在这片充满希望的田野上，辛勤耕耘，默默奉献，享受教育带来的那份独特的成果和喜悦。因为，每一个孩子的成长过程，都是我们教育生涯中最美丽的风景；他们每一次的进步，都是对我们付出的最好回报。

四、在教育规律中探寻育人真章

作为教育工作者，我已在教育战线深耕 30 余载。在这漫长岁月里，我始终在思考一个问题：于学校之中，怎样才能让每一位老师都真正尊重教育规律，精准把握每个孩子成长的独特节点，进而实现因材施教？这绝非轻而易举就能解决的问题，需要我们深入剖析教育的本质，用心洞察学生的内心世界，在日常的教学实践中不断反思过往的教育方式，根据时代的发展和学生的变化，持续改进我们的教育策略，力求为每一个孩子提供最适合他们的成长路径。

在过往的教育经历中，我看到有的孩子在不恰当的教育方式下失去了学习的热情和自信，也见证了那些因得到个性化教育而绽放光芒的学生。这让我更加坚信，尊重教育规律、因材施教是我们教育工作者不可忽视的重要使命。教育并非千篇一律的模板，每个学生都是独一无二的存在，就如同花园中形态各异、色彩缤纷的花朵。因材施教，正是对尊重个体差异的最好诠释。如同园丁悉心照料每一株植物，根据它们的特性提供适宜的养分与光照，我们教师也应敏锐地洞察学生的独特之处，为他们创造个性化的成长空间。

人的发展是一个连续的过程，从稚嫩的幼芽到茁壮的大树，经历了一系列生理和心理的变化。在儿童时期，认知能力从具体逐渐向抽象过渡，这就要求我们的教育必须遵循这一发展顺序，切不可急功近利、拔苗助长。小学阶段，基础知识的筑牢和良好习惯的培养宛如大厦之基石。我们应根据孩子此阶段的心理特点，适时引导，让学习成为他们内心的渴望，而非沉重的负担，让他们在知识的海洋中畅游时，始终保有那份纯粹的乐趣。

教育的目标绝不仅仅是追求成绩的高分，更在于培养学生全面发展的能力。在这个瞬息万变的时代，生存能力、生活能力、交往能力和发展能力显得尤为重要。一个具备创新能力、合作精神与社会责任感的学生，才能在未来的生活和工作中站稳脚跟、如鱼得水。我们不能被短期的功利所蒙蔽，而应放眼长远，用心去发现每个孩子的闪光点，为他们营造最适合的成长环境。

一个好的教育者，首先应是热爱生活、热爱学生的。与学生相伴，应是内心愉悦与满足的源泉。相信每个学生都能成为他们期望中的模样，这是教育的信念，也是前行的动力。教育的核心在于遵循人的身心发展规律，关注个体的独特性与潜力。我们需要深入理解教育的本质，勇于创新教育方法，明确教育的目标，在纷繁复杂的世界中，为学生铺就一条通往智慧与幸福的道路。

教育是一门艺术，更是一种智慧，是对生命的尊重与敬畏。我们既是知识的传授者，也是学生成长的引路人。在教学过程中，我们不能仅仅依赖既定的教育模式，而应基于学校的实际情况和学生的个性需求，灵活调整，因材施教。虽然成绩在一定程度上能反映学生的学习成果，但它绝不是唯一的评价标准。我们应更加关注教育的根本目的——让每个学生都能获得适合自身的优质教育，实现全面发展。作为教师，我们要怀揣对生命的敬畏之心，尊重每一个孩子的独特性。每个孩子都有着无限的可能，或许他们在某些方面暂时落后，但这并不代表他们没有潜力，没有未来。我们要耐心等待，用心引导，让他们在成长的道路上逐渐找到自我，实现自我价值。

教育是一场温暖的修行，是用生命影响生命、用生命温暖生命的过程。我们深知，每个学生都是独一无二的个体，有着属于自己的成长节奏与轨迹，就如同春日里的繁花，有的在枝头早早绽放，有的则在时光中慢慢沉淀蓄力。

在过往的教学生涯里，我曾见过因一次鼓励的眼神而重拾自信、成绩突飞猛进的孩子，也见过在耐心引导下，从内向寡言变得开朗活泼的学生。这些经历让我深刻地明白，尊重学生的成长规律，绝非一句空洞的话语，而是要融入每一次与学生的交流、每一堂精心准备的课程、每一个关注他们需求的瞬间之中。

在未来的教育之路上，教育理念的快速更迭，学生个性需求的日益多元，都可能给我们带来新的挑战。但我坚信，只要我们始终怀揣着对教育规律的敬畏之心，像守护珍贵幼苗般守护着每一个学生的成长，那些被我们用心呵护的生命，定会在时光里蓬勃生长。他们会带着在校园里汲取的力量，奔赴各自的人生。在未来的日子里，他们无论是成为医生拯救生命、投身科研探索未知，还是在平凡岗位上默默奉献，都会成为社会的温暖所在，用自己的方式传递爱与力量，让这个世界变得更加美好。

五、复盘：教师成长的"助推器"

在围棋的世界里，复盘是一个重要的环节。对弈者在棋局结束后，会在棋盘上重新演示对弈过程，分析其中的得失，探索更好的技法。这一术语如今已被广泛应用于各个领域。对于教师的成长而言，复盘同样具有不可忽视的重要性。复盘，简单来说，就是对过去所做之事进行回顾、总结和反思。教师在教育教学过程中，每天都会面临各种各样的情况和问题，如果能够养成及时复盘的习惯，将会对自身的专业发展产生深远的影响。

很多时候，我们在完成一项工作后，可能会因为各种原因出现一些偏差或失误。如果不进行复盘，这些问题很可能会在未来再次出现。而通过每天对自己的工作进行复盘总结，教师可以清晰地梳理出工作过程，发现其中的优点和不足。例如，在一堂课结束后，回顾教学目标是否达成、教学方法是否有效、学生的参与度如何等，从而总结出适合的教学策略和需要改进的地方。

复盘具有多重优势。它有助于培养全局思维。在日常教学中，教师往往专注于教学过程的某个环节或细节，而忽略了整体的教学效果。通过复盘，教师能够从全局的角度审视整个教学过程，更好地把握教学的重点和难点，避免因局部的优化而影响整体的教学质量。复盘还能帮助教师转换思考角度。在教学中，教师有时会深陷具体的问题之中，难以客观地看待自己的教学行为。而及时的复盘可以让教师从主观的角度转换为客观的角度，以旁观者的身份审视自己的教学，从而更全面、多维度地寻找问题的解决方案。此外，复盘有利于提高工作效率。教师养成复盘的习惯后，能够对自己的工作和学习进行全面、准确、深入的了解，及时总结经验，发现问题，并采取有效的修正措施，避免问题的重复出现，从而不断优化教学方法和策略，提高教学质量。

在团队层面，复盘可以协助学校管理者充分掌握一个阶段内单位或团队的所有工作进展情况。管理者可以通过教师的复盘，了解教学工作中的亮点和不足，为制订下一步的工作计划提供有力的依据。对于教师个人而言，复盘是一种非常有效的自我学习和成长方式。那些在教育领域取得卓越成就的教育者和教师，大多都有反思和复盘的习惯。他们通过复盘，掌握了事物的原理和规律，不断提升自己的专业水平。

复盘的步骤通常包括回顾、评价、分析原因和总结规律。首先是回顾，教师要详细回忆自己所做的事情，包括教学的准备、实施过程和最终的效果。然后进行评价，对事情的结果进行客观的评估，判断是否达到了预期的目标。接下来是分析原因，深入探究导致结果出现的各种因素，是教学方法的问题、学生的状态影响，还是自身准备不足等。最后是总结规律，根据分析得出的原因，总结出一般性的原则和方法，为今后的教学提供参考。

在复盘之后，教师还应养成总结的习惯。将复盘的结果和总结的经验、提炼的工作方法记录下来，可以形成教育随笔、教育日记等。这些记录不仅是教师个人成长的见证，还可以为其他教师提供借鉴和启发。随着积累的不断增加，教师甚至可以基于这些记录开展小论文的撰写或小的科研课题研究，进一步提升自己的教育教学水平。无论是日常教学中的小事，还是较为重要的大事，教师都应养成事后及时复盘的习惯。每一次复盘，都是一次深度的自我审视。通过复盘，教师能细致梳理过往经历，精准提炼成功经验，深刻剖析失败缘由。就像一位经验丰富的工匠，不断打磨手中的作品，在一次次的复盘总结中，逐渐掌握解决同类问题的高效方法，在潜移默化中提升教学能力，实现自身专业素养的稳步进阶。

复盘是一种深度思考的思维模式。积极践行复盘思维，能让教师在复杂多变的教育情境中保持敏锐，从容应对各种问题。这种思维模式为教师成长注入源源不断的动力，推动教师不断突破自我，在教育之路上渐行渐远。当每位教师都将复盘思维融入教育实践，将点滴智慧汇聚起来，便能为教育事业注入源源不断的活力，让教育的每一步前行都更加坚实有力。

六、让积极情绪价值融入学生成长日常

从心理学的角度来看，情绪价值指的是一个人影响他人情绪的能力。一个人越是能给他人带来积极美好的情绪，自身往往也能收获更高的情绪状态，这是一种相互促进的良性循环。反之，如果总是给他人带来负面情绪，自己也容易陷入情绪低谷。人际关系，本质上是一种价值的交换。对于多数人而言，当无法提供独特的实际价值时，情绪价值便成为人际交往中的关键软实

力，在教育领域更是如此。

教育学首先是关系学，这是教育界的普遍共识。在教学过程中，教师的服务意识不断被强调，而提供情绪价值成为重要的教育手段。中小学生作为未成年人，正处于快速成长的阶段，他们的情绪和心理状态尚不稳定。这就对老师提出了更高的要求：老师必须具备稳定的情绪，且能够有效管理自身情绪，并以自身的情绪状态去影响学生，帮助他们构建稳定的情绪和心理。

那么，老师应当如何为学生提供情绪价值呢？首先，老师要稳定自身的情绪。作为成年人，老师应具备管理自身情绪的能力。在面对学生时，给予积极的鼓励和赞美，以正面的引导激发学生的潜能。当孩子在成长过程中产生负面情绪，表现出攻击性或极端的语言时，老师不能以暴制暴，而是要耐心疏导，引导孩子学会正确管理情绪的方法。只有让孩子感受到老师稳定的情绪和恰当的处理方式，他们才会逐渐模仿，形成自己稳定的情绪模式。

同时，老师要接纳学生的各种可能性。未成年人在成长过程中，难免会有负面情绪的表达，甚至可能出现一些不当行为。老师要允许孩子犯错，但更关键的是在犯错后给予正确的引导。要让孩子明白，错误并不可怕，重要的是如何从错误中学习和成长。

然而，老师长期为学生提供情绪价值，自身也需要能量的补充。情绪是一种消耗品，老师需要有良好情绪的输入。学校应当为老师营造一个安全有爱的情绪环境，提供强有力的情绪支持，比如开展相关的培训提升活动，帮助老师提升觉知力，使其能够从自我的局限中剥离出来，以宏观、全局的视角看待问题，进而提升解决问题的能力，学会主动消化不良情绪。

老师自身也要掌握管理情绪的办法和策略。例如，在情绪特别暴躁时，可以调整呼吸，让自己先冷静下来；控制讲话的音量，避免在冲动时说出过激的话语；暂停处理问题，不急于在情绪不好的时候做出决定；适当保持沉默，给自己时间平复情绪；还可以找知心朋友倾诉工作中的困扰，共同探讨解决办法，释放情绪的压力。

为学生提供情绪价值，是教师不可推卸的教育责任。这需要教师稳定自身情绪，接纳学生的情绪状态，进而引导学生管理情绪，并持续提升自我情绪管理能力，由此营造积极健康的教育生态。

在教育心理学领域，积极的情绪价值对学生认知发展、社会性发展的正向影响已得到诸多实证研究的支持。当教师将情绪关怀融入日常教育，从发展心理学视角来看，这有助于学生建立积极的自我概念，促进其心理韧性的发展。从长远来看，这种基于情绪价值构建的教育模式，有望为学生个体的终身发展奠定坚实基础，也为教育实践研究贡献具有实践指导意义的样本。

七、教师于育人使命里的核心角色担当与价值塑造

教育在人类社会发展进程中始终占据着举足轻重的地位，是民族振兴、社会进步的基石。从宏观角度而言，一个国家的繁荣昌盛离不开高素质人才的支撑，而高素质人才的培养归根结底依赖于优质的教育体系。在整个教育生态中，教师无疑处于核心位置，是教育活动的直接组织者与实施者，其素质与能力对学生的成长与发展起着决定性作用。正如雅斯贝尔斯所说："教育的本质意味着'一棵树摇动另一棵树，一朵云推动另一朵云，一个灵魂唤醒另一个灵魂'。"这生动地诠释了教师在教育过程中的独特价值。

在传统教育理念中，教师的首要职责是"传道授业解惑"，即向学生传授系统的知识。然而，在知识爆炸的现代社会，教师的角色已超越单纯的知识传递。研究表明，死记硬背的知识学习方式难以满足学生的长远发展需求，培养学生的批判性思维与创新能力才是关键。优秀教师在传授知识时，注重引导学生思考知识的内在逻辑，鼓励学生提出疑问，通过启发式教学方法，

激发学生主动探索知识的欲望，从而开启学生的智慧之门。例如，在科学课程教学中，教师不仅仅讲解科学原理，还通过设计实验、引导学生观察与分析，让学生亲身参与知识的构建过程，培养其科学思维与实践能力。

教育的根本目的在于培养全面发展的人，品德培养是其中不可或缺的重要部分。教师的言传身教对学生品德形成具有深远影响。班杜拉的社会学习理论指出，个体通过观察和模仿他人行为进行学习，教师作为学生生活中的重要他人，其言行举止、道德观念成为学生模仿的对象。在日常教学与生活中，教师通过讲述历史故事、讨论社会热点问题等方式，引导学生树立正确的价值观，培养学生的社会责任感、团队合作精神与道德自律意识。在班级管理中，教师倡导诚实守信、尊重他人等价值观，营造积极向上的班级文化氛围，让学生在潜移默化中受到良好品德的熏陶。

学生在成长过程中会面临各种心理困惑与挑战，教师需要成为学生心灵的呵护者和温暖的陪伴者。教育心理学研究发现，学生在积极、支持性的师生关系中，学习动力更强，心理发展更健康。教师要关注学生的情绪变化，及时给予关心与支持，帮助学生应对学习压力、人际关系等方面的问题；通过开展心理健康教育活动、个别辅导等方式，引导学生正确认识自我，培养良好的心理素质。同时，教师陪伴学生度过成长的重要阶段，见证学生的点滴进步，应成为学生成长道路上的温暖陪伴者。

教育理念是教师开展教育教学活动的指导思想。随着时代的发展，教育理念不断更新，以学生为中心的教育理念、终身学习理念等逐渐深入人心。教师需要不断学习新的教育理念，摒弃传统的灌输式教学观念，将先进理念融入教学实践。例如，项目式学习、合作学习等教学方法的应用，体现了以学生为中心的教育理念，让学生在自主探究与合作交流中提升综合能力。教师通过参加教育培训、阅读专业文献等方式，不断更新教育理念，提升教育教学的科学性与有效性。

教师的专业知识与技能是其开展教学工作的基础。一方面，教师要不断深化本学科专业知识，跟踪学科前沿动态，确保传授给学生的知识准确、新颖。另一方面，教师要掌握多样化的教学技能，如教学设计、课堂管理、教学评价等。现代教育技术的发展为教学带来了新的机遇与挑战，教师需要熟练掌握多媒体教学工具、在线教学平台等技术手段，丰富教学形式，提高教学效果。教师通过参加专业培训、教学研讨活动等方式，不断提升自身专业素养，满足学生日益多样化的学习需求。

教师的道德修养是教育的灵魂所在。教师应具备敬业爱岗、关爱学生、为人师表等职业道德品质。在教育教学中，教师要坚守道德底线，尊重学生的个性差异，公平公正地对待每一位学生。以高尚的道德情操感染学生，用实际行动诠释道德的力量。例如，教师在面对利益诱惑时坚守原则，在学生遇到困难时伸出援手，这些行为都成为学生学习的榜样，有助于培养学生的道德品质。

良好的师生关系是教育教学活动顺利开展的前提。教师要以尊重、理解、信任为基础，与学生建立平等、和谐的师生关系。在课堂教学中，鼓励学生积极参与讨论，尊重学生的不同观点，营造宽松的学习氛围。在课后，主动与学生交流，关心学生的生活与学习情况，倾听学生的心声。通过建立良好的师生关系，激发学生的学习兴趣，提高学生的学习积极性与主动性。

为适应现代学生的学习特点与需求，教师需要不断创新教学方法与模式。在教学过程中，根据教学内容与学生的实际情况，灵活运用多种教学方法，如情境教学法、问题导向教学法等。同时，积极探索线上线下混合式教学模式，充分利用互联网资源，拓展学生的学习空间。例如，在语文教学中，教师通过创设生动的情境，让学生身临其境感受文学作品的魅力；在数学教学中，教师以实际问题为导向，引导学生运用数学知识解决问题，提高学生的应用能力。

教育研究是教师提升专业素养的重要途径。教师通过开展教育研究，探索教育教学规律，解决实际教学中遇到的问题。同时，教师要养成教学反思的习惯，定期对自己的教学过程进行反思，总结经验教训，不断改进教学方法与策略。这种反思并非简单的回顾，而是基于教育理论与实践相结合的深度审视，是教师专业成长的关键环节。教学反思就像一面镜子，映射出教师在各个教育环节中的表现。通过这面镜子，教师能直观地看到自己在育人过程中的优势与不足，进而调整自己的教学策略。从认知心理学角度来看，教学反思是教师对自身教学行为的元认知过程。通过反思，教师能够将教学过程中的隐性知识显性化，把无意识的教学行为转化为有意识的、可调控的教学决策。例如，在教授数学课程时，教师若发现学生在某一知识点的理解上存在普遍困难，通过反思教学方法，可能会发现是讲解时的逻辑顺序不符合学生的认知发展水平。此时，教师可以依据皮亚杰的认知发展理论，调整教学顺序，采用更符合学生思维水平的方式重新进行讲解，帮助学生顺利跨越学习障碍。

在教育活动里，教师扮演着多元且关键的角色，这些角色要求教师在专业领域不断深耕，在道德层面成为典范，在情感关怀上细致入微。教师不仅要持续汲取新知识、更新教育理念，还要注重构建良好的师生互动模式，探索创新教学路径。教育是一个持续演进的过程，它要求教师以发展的眼光、审慎的态度和不断探索的精神参与其中。在日复一日的教学实践中，教师逐步凝聚起推动教育发展的核心力量，用行动诠释着教育的本质，以点滴言行汇聚成教育的温暖溪流，润泽着学生的成长之路，也悄然重塑着教育的未来模样。

八、团队协作赋能青年教师加速成长

青年教师是教育事业的新生力量。他们满怀热情与憧憬，踏入教育的领域。然而，要在教育的道路上走得稳、走得远，实现快速成长，开拓出属于自己的教育生涯，离不开团队的支持与助力。对于青年教师而言，如何在团队中实现专业成长，是他们职业生涯中的重要课题。

团队对于青年教师的成长意义非凡。学校中的每一个团队，无论是年级组团队、学科教研团队，还是名师工作室，都为青年教师提供了宝贵的学习资源和成长机会。在团队中，青年教师能够与经验丰富的教师交流，分享教学心得，探讨教育难题；学校领导的关心和支持，区域教研员的专业引领，都为青年教师的成长注入了强大的动力；教育行政部门的各项政策和培训活动，也为青年教师的发展提供了广阔的平台。

除了依靠团队的力量，青年教师还需学会反思。反思是成长的关键，每一堂课都是一次宝贵的经历，有成功之处值得发扬，也有不足之处需要改进。通过反思，青年教师能够总结经验教训，不断优化教学方法，锤炼教育思想。及时记录下那些在教学过程中迸发的思维火花，并进行归类与思考，有助于提升自身的教学能力和教研水平。这种反思的习惯，将成为青年教师不断进步的内生动力。

"脚步丈量不到的地方，书可以；眼睛看不到的地方，书可以。"读书对于青年教师的成长具有不可替代的作用。广泛阅读教育类书籍，能够汲取前人的智慧和经验，拓宽教育视野，丰富教育理念。无论是教育经典著作，还是最新的教育研究成果，都能为青年教师提供新的思路和方法。通过读书，青年教师能够在知识的海洋中畅游，为未来的教育工作奠定坚实的基础。同时，青年教师要主动融入团队，积极参与各项活动和赛训。只有主动出击，才能找到志同道合的伙伴。在团队中，青年教师要紧跟团队的节奏，虚心学习，不断提升自己。当自身能力达到一定水平后，要勇于带领团队，创造新的辉煌。青年教师还应践行教育家精神，汲取思想伟力，凝聚奋进力量。教育家们的教育理念和实践经验，是青年教师成长的精神宝库。他们的教育情怀、创新精神和奉献精神，能够激励青年教师在教育道路上不断追求卓越。

学校和教师是共同成长、向美而行的命运共同体。学校应为教师提供必要的资源、培训和支持，构建促进学校发展的管理文化，建立多元化的培训体系，实现教师的梯级培养；营造良好的学校文化氛围，让教师在其中感受到尊重、关爱和激励，激发教师的工作热情和创造力。

青年教师的专业成长是一个系统且持续的过程，这一过程既依托于教师个体的不懈奋进，也离不开团队协作的有力支撑，同时更需要学校及教育行政部门搭建适宜的发展平台。从教育心理学的"社会学习理论"来看，在团队环境中，青年教师能够通过观察、模仿与交流，加速自身教学技能与教育理念的更新。在成长的道路上，每一次突破都是量的积累，而每一次困境都是促使其反思与蜕变的契机。理想的状态是，青年教师在团队协作中找到职业归属感，在教学反思中明晰专业发展路径，在教育阅读中丰厚教育底蕴。学校应致力于营造良好的教学科研氛围，为青年教师提供充足的资源与宽松的环境，使他们能够全身心地投入到教学实践与学术研究中。

从长远的教育发展视角看，青年教师的成长意义并不仅仅局限于个人职业成就的达成，更在于他们能够凭借日益精湛的教学技艺，为学生的成长注入源源不断的动力。当我们以发展的眼光审视这一过程时，就会发现青年教师的成长，是推动教育事业持续发展的重要力量。相信在各方协同努力下，青年教师定能在教育领域镌刻下独属于自己的深刻印记，以扎实的专业素养与坚定的教育情怀，为学生的未来发展拓展更为广阔的空间，这也正是青年教师在团队协作中成长所蕴含的核心价值与深远意义。

第三章

和家长们：同心协力

一、家校协同关注孩子成长契机

曾经，我们以为孩子的成长只是时间的流逝，只要给予他们足够的物质条件，他们就能自然而然地长大。然而，当我们看到那些在迷茫中徘徊的孩子，那些在挫折面前一蹶不振的孩子，我们才意识到，孩子的成长需要我们更多的关注和引导。家庭和学校，作为孩子成长的两个重要场所，不能各自为战，而应紧密协同。只有当我们共同关注孩子成长的每一个契机，及时给予他们支持和鼓励，才能让他们在成长的道路上少走弯路、茁壮成长。让我们摒弃过去的错误观念，携手为孩子的未来共同努力。

孩子发展的关键期，是他们成长中的黄金阶段。在这个时期，他们对各种知识、技能和行为的吸收和掌握速度惊人，且极易受到外界的影响。就拿语言学习来说，幼儿时期是孩子语言发展的关键期，他们能够迅速模仿和掌握新的词汇和语法结构。如果在这个时期给予丰富的语言环境和正确的引导，孩子的语言能力将会得到极大的提升。同样，在道德观念形成的关键期，孩子对于是非善恶的判断还处于懵懂阶段，此时家庭和学校的正确教育能够帮助他们树立正确的价值观和道德观。

家庭，是孩子成长的第一课堂。家长作为孩子最亲近的人，他们的言传身教对孩子的影响深远而持久。一个自信豁达的家长，往往能够培养出乐观积极的孩子；一个勤俭节约的家庭氛围，会让孩子懂得珍惜和节俭；一个充满幽默风趣的家庭，能让孩子拥有轻松愉悦的心态；而一个乐善好施的家长，会在孩子心中种下善良的种子。

在家庭生活中，教育无处不在。例如，日常的家务劳动分配就是一种很好的教育方式。妈妈负责做饭、洗碗，展现出对家庭的关爱和付出；爸爸负责烧水、冲茶、洗水果，体现出责任和担当；孩子负责摆放碗筷、端饭菜，从小就培养了劳动意识和责任感。当家庭需要购买大件物品时，让孩子参与讨论并发表意见，这不仅能让孩子感受到自己是家庭的一员，还能锻炼他们的思考和决策能力。

阅读习惯的培养也是家庭教育的重要一环。孩子 12 岁之前，尤其是小学阶段，是阅读能力发展的最佳时期。在这个阶段，家长应该积极引导孩子阅读，从孩子感兴趣的书籍入手，逐渐培养他们的阅读兴趣和习惯。家长可以和孩子一起阅读，分享阅读的心得和体会，营造浓厚的家庭阅读氛围。大量阅读不仅能够积累词汇、增强语感、提高写作能力，还能扩大知识面，提升口语表达能力，为孩子的未来发展打下坚实的基础。

学校，是孩子成长的重要舞台。在这里，孩子不仅能够学到系统的知识，还能结交朋友，学会与人相处。然而，孩子在学校的生活并非一帆风顺，他们可能会与同学发生矛盾，可能会犯错误，也可能会出现情绪上的波动。当这些情况发生时，家校之间的及时沟通和相互理解就显得尤为重要。比如，当孩子在学校与同学发生冲突时，老师需要第一时间了解情况，并与家长进行交流。家长也应该积极配合老师，共同分析问题的根源，引导孩子学会换位思考，学会包容和理解他人。如果孩子在学校犯了错误，老师不能只是简单地批评和惩罚，而是要与家长一起探讨如何帮助孩子认识到错误的本质，引导他们改正错误，从错误中吸取教训。而当孩子出现情绪异常时，家校双方更要密切关注，给予孩子足够的关爱和支持，帮助他们调整心态，克服困难。一个错误，如果能够得到正确的处理和引导，完全可以转化为孩子成长和成熟的契机。这需要家长和学校相互信任、相互支持，形成教育的合力。家长要理解老师的教育方式和方法，积极配合老师的工作；老师也要尊重家长的意见和建议，共同为孩子的成长创造良好的环境。

家庭和学校的密切配合，能够为孩子的成长提供全方位的支持和保障。家长永远是孩子一生的老师，家庭永远是孩子一生的学校。孩子的教育需要家庭、学校和社会的共同努力，只有三方形成合力，才能为孩子创造一个健康、快乐、积极向上的成长环境，让他们在未来的人生道路上茁壮成长，成为有责任感、有担当、有爱心的社会栋梁。

教育之路，道阻且长。愿我们心怀赤诚，静心守候孩子成长的关键节点，于日常点滴间，绘就他们迈向未来的坚实通途。

二、遵循孩子成长规律，筑牢家庭共育通途

孩子的成长有着专属的"成长时钟"。有的孩子思维启蒙早，对知识领悟快；有的则在艺术感知、运动协调上先行一步，每个孩子都依循自身节奏前行。当下"内卷"之风盛行，不少家长被成绩、奖项等表面指标迷惑，急切地想让孩子在各个赛道"抢跑"，却忽略了孩子内心真正的渴望与天赋潜能。其实，理想的状态是顺应孩子成长的规律，发现他们在玩闹、探索中的闪光点，支持他们在擅长的领域深耕，培养出会玩又会学、从容成长的孩子，以此筑牢家庭共育的坚实通途。

教育的目的绝不仅仅是传授知识，更重要的是唤醒孩子的内心。每个孩

子都是独一无二的个体，他们有着自己的梦想、兴趣和潜力。如果我们只是一味灌输知识，而不去关注他们内心的渴望，那么教育就失去了其本质的意义。就如同一颗种子，它需要适宜的土壤、阳光和水分才能茁壮成长。如果我们不顾其生长规律，强行施肥浇水，或许短期内能看到它的"成长"，但从长远来看，却可能损害了它的根基，使其无法长成参天大树。

好的教育，首先要建立在良好的关系之上。家长与孩子之间的关系，犹如一座桥梁，连接着彼此的心灵。当我们与孩子建立了亲密、信任的关系时，他们才会愿意向我们敞开心扉，分享自己的喜怒哀乐。在现实生活中，我们常常看到一些家长，过于注重教育的形式和方法，却忽略了与孩子之间情感的交流。他们对孩子的要求严格，却很少倾听孩子的想法和感受。这样的教育，即使短期内能看到孩子在成绩上的进步，但长期来看，却可能导致孩子出现心理问题，影响他们的身心健康和全面发展。

顺应孩子成长规律，是教育的根本。每个孩子都有自己的发展节奏，有的孩子在语言方面天赋异禀，有的孩子则在数学或艺术方面表现出色。我们不能用统一的标准去衡量所有的孩子，而是要耐心地观察和发现他们的特点与禀赋。家长应当以善意的态度去寻找孩子的闪光点，相信每个孩子都有成长为最好的自己的可能性。就像爱因斯坦，小时候曾被认为是"笨孩子"，但正是因为他的母亲尊重他的独特兴趣和思维方式，才成就了这位伟大的科学家。

然而，在现实中，我们常常习惯从成年人的视角出发，用固化的思维去认识孩子。我们认为孩子应该按照我们设定的路线去走，认为我们所做的一切都是"为了孩子好"。但这种简单的思维方式，往往不是真的懂教育。真的懂教育，是要学会换位思考，从孩子的角度去理解他们的世界，用新的视角和方法去引导他们。比如，当孩子对某一事物表现出浓厚的兴趣时，我们不应该以"这对学习没用"为由加以制止，而是应该鼓励他们去探索、去发现。

同时，家长也要不断学习现代教育的理念，掌握科学的教育方法。教育是一个不断发展和变化的领域，新的教育理念和方法层出不穷。家长不能故步自封，要与时俱进，不断提升自己的教育素养。只有这样，才能更好地应对孩子成长过程中出现的各种问题，为孩子提供更优质的家庭教育。

此外，构建和谐的亲子关系也是教育中不可或缺的一部分。在和谐的家庭氛围中，孩子能够感受到爱与尊重，从而培养出健康的人格。家长要耐心倾听孩子内心的声音和想法，善于探索孩子的特点与禀赋。当孩子犯错时，我们不应该一味批评指责，而是要与他们一起分析原因，引导他们从中吸取教训。当孩子取得成绩时，我们要及时给予肯定和鼓励，让他们感受到自己的努力得到了认可。教育是一场漫长的旅程，我们不能急于求成。家长要有远视的目光，将孩子的成长放在更广阔的空间中去考量。我们要跳出教育看教育，跳出家庭教育看家庭教育。不能仅仅关注孩子眼前的成绩和表现，而要思考如何培养他们适应未来社会的能力和素质。未来的社会充满了挑战和机遇，只有具备创新思维、良好的沟通能力和健全人格的孩子，才能在竞争中脱颖而出。

总之，尊重孩子的成长规律，以远视的目光去看待孩子的教育，是每一位家长应当肩负的责任。让我们摒弃传统的教育观念，用爱与智慧去陪伴孩子成长，相信在我们的共同努力下，每一个孩子都能绽放出属于自己的独特光芒，成为社会的栋梁之材。教育之路漫漫，我们需不断探索，不断反思，以更加科学、合理的方式去引导孩子，为他们创造一个更加美好的未来。

三、默默滋养，静待花开：无痕教育的智慧

无痕教育强调教育的自然性与和谐性，注重营造良好环境和以身作则，让孩子在潜移默化中受影响。当我们深入思考教育的真谛时，会惊觉真正有价值的教育并非机械地灌输知识，而是如春风拂面般，轻轻地唤醒孩子内心对世界的好奇与热爱。当我们思考教育的本质时，会发现真正成功的教育并非让孩子记住了多少知识，而是激发了他们内心对学习、对成长的热爱。

无痕教育的真谛，在于让孩子在自然的状态下潜移默化地接受教育，感受不到刻意的说教。这并非一种放任自流的教育态度，而是一种精心设计的教育艺术。它需要教育者用心去浸润孩子的生活，用爱去营造良好的教育环境，以自身的行动去引导孩子的行为和思维。

一个温馨和谐、充满爱的家庭环境，是无痕教育的肥沃土壤。它不仅仅是物质空间的精心布置，更是心灵与情感氛围的悉心营造。在孩子的房间里设置图书角，让书籍触手可及，孩子便会在不经意间养成阅读的习惯；提供一片小小的种植天地，孩子能从中领悟生命的成长与责任。这种环境的塑造，不是为了教育而教育，而是让孩子在日常生活的点滴中，自然而然地受到启发。

孩子的社交环境同样重要。家长潜移默化、不刻意地为孩子构建一个积极向上的社交圈子，是无痕教育的巧妙延伸。正如孟子所言："近朱者赤，近墨者黑。"好的同伴能够激发孩子的积极性和创造力，帮助他们树立正确的价值观。家长通过细心观察和引导，让孩子在与同伴的交往中汲取正能量，这种无声的影响，胜过千言万语的说教。

在无痕教育中，家长的以身作则堪称关键。孩子如同镜子，会无意识地模仿家长的行为举止。家长每天坚持良好的作息习惯，热爱阅读，孩子也会

在这种氛围中受到熏陶。晚饭后，父母安静地捧书阅读，孩子也会感受到知识的魅力，沉浸于书香之中。这种榜样的力量，如点点繁星，照亮孩子成长的道路。

丰富多元的文化体验，也是无痕教育的重要组成部分。父母带孩子观看有意义的影片，欣赏优秀的美术作品，聆听动人的音乐，共读一本饱含智慧的书籍，并共同探讨其中的奥秘，这些都能在孩子的心灵深处播下美好的种子。在多元文化的熏陶下，孩子的想象力和创造力得到激发，价值观得到塑造，他们在不知不觉中接收到积极的能量。

然而，无痕教育并非一蹴而就，需要教育者长期的坚持和付出。这是一场漫长的旅程，不能期望立竿见影的效果。教育者需要有耐心和恒心，用爱和关怀持续滋养孩子的心灵。在实际操作中，还需注重方式方法。通过设计情境问题、启发孩子思考，让他们在探索中成长；一起做家务、参加户外活动，让孩子在生活实践中领悟道理。

无痕教育，是一种润物细无声的艺术。它不依靠强制和灌输，而是以爱为底色，以环境为画布，以行动为画笔，描绘出孩子美好的未来。它如同春日里的细雨，悄无声息地滋润着大地，让幼苗茁壮成长；又似夜空中的点点繁星，默默指引着孩子前行的方向。

教育者应当明白，无痕教育看似无痕，实则有痕。它在孩子的内心深处留下深刻的印记，影响着他们的一生。每一个细微的举动、每一次温馨的互动、每一个充满爱的瞬间，都在孩子的心灵深处种下希望的种子。当这些种子在时间的长河中生根发芽、开花结果，孩子将成长为一个全面发展、内心丰盈、富有智慧和高尚品格的人。

四、奏响管、教、罚、爱的教育四重奏

陪伴孩子成长，是一门需要精心拿捏的艺术。作为家长，我们肩负着重大的责任，不仅要关注孩子的身体健康，还要呵护他们的心理健康；不仅要重视智力开发，更要注重全方位能力的培养；不仅要教会知识，还要教导做人。真正优质的教育，应当是有管、有教、有罚、有爱的融合。

"父母之爱子，则为之计深远。"这是一句千古名言，蕴含着深刻的教育智慧。真正有远见的父母，深知孩子的未来不能仅靠天赋和运气，而需要精心的教养。孩子如同幼苗，需要适时的修剪与引导，才能茁壮成长为参天大树。

在孩子的教育中，管是必要的。父母是孩子的第一任老师，他们的每一个行为、每一句话，都在潜移默化地塑造着孩子的未来。在该管的时候不管，放任孩子自流，是对孩子未来的不负责任。然而，管并非专制式的控制，而是在尊重孩子个性的基础上，设定合理的界限和规则，让孩子明白什么可为，什么不可为。

教是教育的核心环节。教会孩子知识，是为他们打开认识世界的窗户；教导孩子做人，则是为他们奠定立足社会的根基。知识的传授让孩子拥有智慧的头脑，而品德的培养让孩子拥有善良的心灵。只有知识与品德并重，孩子才能成为一个全面发展的人。

罚，并非粗暴的惩罚，而是一种有原则的惩戒。当孩子犯错时，适当的惩罚能够让他们明白行为的后果，学会承担责任。但惩罚要建立在爱的基础上，要让孩子明白，惩罚不是目的，而是促使他们改正错误、不断进步的手段。

爱，是教育的底色。没有爱的教育是冰冷的、机械的，无法触动孩子的

心灵。真爱孩子，不是无原则的溺爱，而是在关心、呵护他们的同时，给予他们成长的空间和锻炼的机会。让孩子在真实的环境中面对困难、接受挑战，在劳动中学会流汗，在挫折中学会坚强。

孩子成长的轨迹中，教育与家庭环境犹如两把钥匙，共同开启他们未来的大门。一方面，优质的教育资源与科学的教育方式如同肥沃的土壤，滋养着孩子的心灵，助力他们茁壮成长，更容易培养出优秀的孩子。另一方面，家庭作为孩子成长的第一环境，其氛围与父母的教育方式对孩子的影响深远且持久，问题家庭往往容易导致孩子出现各种行为或心理问题。

孩子就像一棵正在成长的小树，其成长过程需要精心呵护与正确引导。在这个过程中，家庭教育发挥着至关重要的作用。父母作为孩子最亲近的人，其言行举止、教育方式等都在潜移默化地影响着孩子。若父母能以身作则，为孩子树立良好的榜样，营造温馨和谐的家庭氛围，如鼓励孩子积极探索世界、培养良好的品德和习惯等，孩子便能在爱的阳光下茁壮成长，形成积极乐观、自信独立的性格。然而，现实中部分家长过度溺爱孩子，将孩子置于"温室"之中，对孩子的一切要求都无条件满足，过度保护孩子使其免受挫折。这种看似充满爱的行为，实则可能让孩子失去了在真实世界中锻炼和成长的机会。就像长期在温室中生长的花朵，虽然外表娇艳，但一旦离开温室，面对外界的风雨和挑战，往往会显得脆弱不堪，缺乏应对困难的能力和坚忍的意志。与之相反，真正有远见的家长懂得在孩子的成长过程中把握好爱与严的平衡。他们明白，孩子需要在一定的挑战和压力中锻炼自己，才能真正成长和独立。因此，他们会在适当的时候"狠心"，让孩子去尝试、去犯错、去面对挫折，通过这些经历培养孩子解决问题的能力、抗挫折的能力和自我管理能力。

教育是一场充满挑战与希望的漫长旅程，需要家长具备多方面的素养和能力。家长要像智慧的园丁一样，对孩子的行为进行规范和引导，让他们明白什么是对的、什么是错的，培养良好的行为习惯；要注重知识的传授和品德的培养，通过言传身教，提升他们的道德水平；当孩子犯错时，要给予适当的惩罚，让他们从中吸取教训，学会承担责任；更要给予孩子无尽的爱和关怀，让他们在温暖的家庭氛围中感受到安全感和归属感，内心充满力量。

在这样的教育理念和方式下，孩子如同在阳光雨露滋润下的幼苗，必将茁壮成长，不仅在学业上取得进步，更在人格塑造和社会适应能力等方面得到全面发展，塑造出坚韧不拔、善良正直、自信乐观的健全人格，在与人交往、融入集体的过程中，逐渐提升社会适应能力，从容地拥抱未来生活的种种挑战与机遇。

五、成长激励框架下奖励机制在家庭教育中的运用

在教育心理学和发展社会学的交叉视域下，奖励机制作为家庭教育实践的关键构成，始终是儿童成长激励体系中的重要研究议题。从行为主义理论到认知发展理论，诸多学术成果均揭示出奖励在塑造儿童行为模式与促进心理发展方面的复杂效应。

在家庭这一微观教育生态中，家长对奖励机制的运用具有显著的教育意义。但在现实情境中，家长在实施奖励策略时，往往存在认知与实践层面的偏差。例如，部分家长倾向于将孩子的学业成绩、日常行为表现与即时性的物质奖励紧密关联。这种看似直接有效的激励方式，虽在短期内能够引发孩子行为的积极改变，在深层次上却可能削弱儿童的内在学习动机，导致其对外部奖励产生过度依赖，进而影响长期的自主发展能力。

孩子对世界充满好奇，学习新知识、探索新领域本应是他们内心天然的渴望。兴趣，作为最好的老师，能引导孩子主动投入学习，享受获取知识的

过程，体验个人成长带来的成就感。然而，当金钱等物质奖励成为学习的主要动力时，学习的真正乐趣可能会被逐渐掩盖。他们不再因为知识本身的魅力而学习，而是为了获得奖励而努力，学习的热情也难以持久。

以金钱奖励为例，这种方式在一定程度上会让孩子变得功利。他们会用考试分数来衡量自己能得到的回报，将学习视为一种交易。久而久之，孩子在学习时可能会变得浮躁，只关注结果而忽视了过程中的积累和成长。一旦没有奖励，他们可能就失去了学习的动力，形成"只有给奖励才好好学习"的不良习惯。

那么，真正有效的奖励方式是什么呢？其实，真正能打动孩子内心的奖励，未必是物质的，更多的是精神层面的给予。当孩子做出值得赞扬的事情或取得优异成绩时，家长有针对性地激励、表扬，能让孩子感受到自己的努力被认可和重视。

亲子间的互动共情是一种极为珍贵的奖励方式。比如，一起庆祝成功的时刻，共同参与有意义的活动，这些都能让孩子在精神上得到滋养。父母与孩子一起分享喜悦，不仅增进了亲子关系，更让孩子明白，他们的成就对于家庭来说是无比重要的。

此外，家长在奖励孩子时，要特别注意时机的把握。及时的奖励能够强化孩子的积极行为，但过于急切或拖延都可能影响效果。同时，奖励的方式应该是有内涵、有价值的陪伴。家长应拿出更多时间与孩子互动，一起探讨问题、共同完成任务，让孩子在亲情的温暖中感受到支持和鼓励。这种陪伴式的奖励，其价值远远超过物质的给予。

从马斯洛需求层次理论来看，个人实现是人类需求的最高层次。当孩子通过自己的努力得到家人发自内心的认可和赞美时，他们能够体验到自我价值的实现，这种满足感是金钱和物质无法替代的。它能激发孩子内心深处的自信和自尊，促使他们更加积极地面对未来的挑战。

物质奖励并非完全不可取，关键在于如何恰当运用。比如，当孩子经过长期努力实现了一个较大的目标，如在某个学科上取得了显著进步，或者克服了自身的一个重大困难，这时适当的物质奖励可以作为一种额外的激励。但这一奖励应是具有象征意义和纪念价值的，而非仅仅满足物质欲望。例如，奖励一本具有启发意义的书籍、一件与孩子兴趣相关的工具，或者一次具有教育意义的旅行。并且，在给予物质奖励的同时，要向孩子强调这是对他们坚持不懈努力的额外肯定，而非学习的主要目的。让孩子明白，物质奖励是努力后的锦上添花，而不是学习的核心驱动力。这样，就能在一定程度上避免孩子产生功利思想，让物质奖励成为激励成长的有益补充，而非主导因素。

从发展心理学及教育社会学的视角来看，家长在儿童成长进程中扮演着关键的社会化代理人角色。在这一过程里，奖励机制的运用绝非简单的行为干预手段，而是一个涉及儿童心理需求满足、自我效能感建构以及价值观内化的复杂过程。家长应深刻理解，合理的奖励并非旨在塑造一种基于外部刺激的条件反射式行为模式，而是通过对奖励的科学设计与精准实施，激发儿童内在的成就动机与自主学习意愿。在儿童认知发展的不同阶段，奖励的形式与内涵需与之适配，从而助力儿童逐步将外在激励内化为对知识探索和自我提升的内在追求。

在此意义上，家长需以一种反思性和策略性的态度运用奖励机制，将其作为引导儿童在学习活动中实现自我价值认同、构建积极学习态度的有效工具；通过这样的方式，为儿童营造一个充满支持性和发展性的家庭学习环境，使儿童在成长的道路上，能够基于内在的动力驱动，主动探索知识，实现个体的全面发展与价值升华。

六、家长关爱模式与孩子成长独立性的关联思考

在家庭教育的研究范畴内,家长对孩子的关爱方式及其影响始终是备受关注的议题。从发展心理学的视角来看,在孩子成长过程中,家长的关爱是其心理发展和社会化进程的重要支撑。家长出于本能,往往会全身心地投入到对孩子的养育之中,从日常生活的照料到教育引导,都倾注了大量心血。

然而,在现实情境里,部分家长由于对孩子成长的过度关注与担忧,致使关爱行为出现了失衡状态。在生活层面,对孩子的饮食、起居等细节过度操心,力求做到万无一失;在教育方面,过早且全面地规划孩子的学业与未来发展路径,忽视了孩子自身的兴趣与意愿。这种过度的关爱模式,虽然源于家长深沉的爱意,但从教育生态学和儿童发展理论的角度剖析,可能会对孩子的自主发展产生潜在的负面影响。它不仅可能限制孩子独立生活能力和自主决策能力的培养,还可能在孩子内心深处引发焦虑与逆反情绪,进而影响亲子关系的健康发展以及孩子的心理健康和人格完善。

生活中,家长过度操心孩子的例子屡见不鲜。许多家长在孩子穿衣这件事上,常常陷入"妈妈觉得你冷"的误区。天气稍有变化,即便孩子表示自己不冷,家长还是坚持让孩子多穿衣服。从心理学角度分析,这是家长将自己对寒冷的感知和担忧投射到了孩子身上。这种行为看似是对孩子的关心,实则是一种过度的干涉。孩子在成长过程中,需要通过自身的感官去感受外界环境,从而逐渐建立起对环境的适应能力和自我判断能力。家长过度地决定孩子的穿着,会让孩子失去这种自我感知和判断的机会。长期如此,孩子在面对生活中的其他选择时,也会习惯性地依赖他人,难以形成独立的决策能力。

在学习方面,家长过度关注成绩的现象极为普遍。许多家长将孩子的每

次考试成绩都视为衡量其学习成果的唯一标准，过度强调分数的重要性。例如，有的家长在孩子考试成绩公布后，会立刻对孩子的分数进行细致分析，一旦成绩不理想，便会表现出明显的失望和焦虑，甚至对孩子进行严厉批评。这种过度关注成绩的行为，往往会让孩子长期处于紧张和焦虑的状态，对学习逐渐失去兴趣。为了达到家长的期望，孩子可能会过度依赖死记硬背等机械的学习方式，而忽视了对知识的深入理解和自主思考，不利于其自主学习能力的培养。同时，家长的过度关注还可能导致孩子在面对挫折时，心理承受能力脆弱，容易产生自我怀疑和自卑情绪。长此以往，孩子的独立性和自主性发展会受到严重阻碍，难以形成积极的学习态度和良好的学习习惯。

此外，家长在孩子的兴趣培养上也常常出现过度干预的情况。有些家长不顾孩子的兴趣爱好，盲目地为孩子报各种兴趣班，理由是"为了孩子好""不能让孩子输在起跑线上"。但这种做法忽略了孩子的内心需求和个性特点。每个孩子都有自己独特的天赋和兴趣倾向，强行让孩子去学习他们不感兴趣的东西，不仅难以取得良好的效果，还可能压抑孩子的个性发展，让孩子在成长过程中逐渐失去自我。

那么，家长应该如何做到适度关爱呢？家长要尊重孩子的独立性和自主性。在日常生活中，给孩子一定的自主空间，让他们自己去决定一些力所能及的事情，比如穿什么衣服、如何安排自己的课余时间等。在学习上，家长应关注孩子的学习过程，而不仅仅是成绩。鼓励孩子积极探索知识，培养他们的学习兴趣和学习能力。当孩子遇到困难时，引导他们自己思考解决问题的方法，而不是直接给出答案。在兴趣培养方面，家长要善于观察孩子的兴趣爱好，给予他们支持和引导，让孩子在自己喜欢的领域中自由发展。在家庭教育中，适度关爱是一门艺术，也是一门科学。家长需要不断学习和反思，调整自己的教育方式，用适度的关爱为孩子营造一个健康、自由的成长环境，使孩子成为具有独立人格和创新精神的人。

七、鼓励在孩子成长过程中的价值体现

在发展心理学和教育学领域，儿童成长过程中的鼓励问题一直是备受瞩目的焦点。儿童作为独特个体，在成长旅途中面临着诸多挑战与机遇，其心理及行为模式的塑造受多种因素交互影响，而鼓励在其中有着举足轻重的地位。

本质上，儿童成长是个动态且复杂的过程，涉及身体、认知、情感与社会技能等多个维度的发展。在此过程中，恰当且行之有效的鼓励机制，能为孩子提供积极正向的心理指引，对他们的全面发展产生深远的影响。儿童在成长早期，自我认知尚处初步搭建阶段。外界反馈，尤其是来自父母、教师这些重要他人的鼓励，仿若一面镜子，助力孩子认清自身能力与价值。就拿绘画活动来说，当孩子展现出别具一格的色彩运用能力时，教师给出细致的夸赞："你这次绘画里，色彩搭配特别大胆又和谐，让整幅画满是生机与活力，这可是你独一无二的艺术天赋呢。"这般有针对性的鼓励，能让孩子明确自己在绘画领域的优势，进而于内心深处构建起"我画画挺有本事"的积极自我认知。长此以往，有助于孩子形成积极、稳固的自我概念，自信心也得以增强，为应对生活中各类挑战筑牢心理根基。

成长途中，孩子们会历经各式各样的情绪体验，如成功时的兴奋、失败时的低落、被批评后的难过等。行之有效的鼓励机制，能帮孩子更好地领会与管控这些情绪。当孩子碰上棘手任务时，家长不妨鼓励道："我知道这任务有点难，不过我看见你一直在努力尝试不同办法，这种坚持的劲头太赞啦。不管最后结果怎样，你勇于直面困难的态度就特别值得赞赏。"这样的鼓励，既让孩子感受到被理解、被支持，还能引导他们把注意力从害怕失败，转移

到关注努力过程上，由此学会在挫折里调适情绪，维持积极心态，逐步提升情绪管理能力。

在学习场景里，鼓励是激发孩子学习动力、培育良好学习习惯的关键一招。比如，孩子按时完成作业且书写工整时，教师便可给予奖励与肯定："你今天作业完成得超棒，不光按时写完，字还写得这么工整，这凸显了你对学习认真的态度。继续保持，学习肯定能更上一层楼。"这种鼓励方式，能让孩子把按时写作业、书写工整这类良好行为，跟积极反馈挂上钩，慢慢养成自觉学习、认真完成任务的好习惯。随着时间推移，这些习惯会融入孩子的学习素养，给学业发展带来长久的正向推动。

在儿童的社交往来中，鼓励同样意义非凡。当孩子和小伙伴玩耍时，要是表现出友善、合作等积极举动，家长与教师得及时鼓励："今天你和小伙伴一起搭积木，大家分工合作，玩得特别开心。你知道分享、合作，这品质太棒啦，小伙伴们肯定都喜欢这样的你。"如此一来，孩子能意识到积极社交行为会收获他人认可与喜爱，也就更乐意在社交场合展示友善、合作的一面，渐渐学会与他人融洽相处，提升社交技能，为将来融入社会铺好路。

鼓励得讲究精准性，要针对孩子具体的行为、表现，给出清晰明确又具体的反馈。泛泛夸一句"你真厉害"，对孩子成长助力有限。就像评价孩子作文时，教师可以这么说："你这篇作文叙事结构特别清晰，开头设下悬念，一下就抓住读者注意力；中间把事件经过描述得详细，情节跌宕起伏；结尾总结也很出彩，还升华了主题。看得出你写作技巧进步超大，就按这思路接着写。"这般精准评价，能让孩子清楚知晓自身的优缺点，找准努力方向，精准发力。鼓励方式也应丰富多样，涵盖语言夸赞、物质奖励、肢体动作示意等多种形式。语言表扬要真挚、具体，饱含情感；物质奖励得适度，别太依赖物质刺激；像微笑、拥抱、点头这类肢体语言，能传递温暖与支持，强化鼓励效果。例如，孩子体育比赛表现出色，教练除了口头表扬"你今天比赛太出彩啦，速度快，技巧用得也好，给团队争了光"，还能送上一个有力的拥抱，或是奖励个小奖杯。多种鼓励形式综合运用，就能从不同角度贴合孩子心理需求，激发他们的积极性与创造力。

鼓励是个贯穿始终的过程。孩子在成长路上，不管是取得成功，还是遭遇失败挫折，都需要适时的鼓励。孩子没达成预期目标时，家长不妨说："这次虽然没达到预想结果，可你在过程里下了不少功夫，也学到好多经验。咱们一起找找问题出在哪，下次肯定能做得更好。"这种持续不断的鼓励，能让孩子感受到，不管碰上啥难题，都有人支持、信任自己，从而保持积极向上的心态，不懈追逐目标。

鼓励在儿童成长历程里有着多维度的关键价值，从心理发展到行为塑造，全方位影响着孩子的茁壮成长。遵循精准性、多样性、持续性这些原则，施行有效的鼓励策略，就能为孩子营造积极的成长氛围，助力他们树立自信，养成优良学习与社交习惯，提升情绪管理与抗挫折能力。相信在科学合理的鼓励下，每个孩子都能在成长路上绽放独特光彩，发现自身潜力、实现自身价值。

八、携手共育，筑梦未来（在一年级家长会上的校长讲话）

东北路小学犹如一座知识的殿堂，正敞开大门，迎接每一位充满朝气与希望的孩子。今天，我们相聚于此，共同探讨孩子成长的重要话题，我想和大家谈一谈一年级家长应该重点关注的几个方面。

1. 爱护我们共同的学校

孩子是连接家长与学校的桥梁和纽带，我们对孩子教育的目标是一致的。家长真心维护学校、热爱学校，这种情感会自然而然、潜移默化地影响孩子，让孩子也对学校心怀敬爱。有了爱，教育才有了坚实的基础。

东北路小学自 1926 年建校以来，历经风雨，砥砺前行。如今，已成为一所管理规范、质量一流、特色鲜明的学校。在全体教师、一届又一届学生和家长们的共同努力下，学校在足球文化、教育教学、师资队伍、学校建设等方面取得了长足的发展，整体实力不断提升。我们的特色文化和教育教学成果，赢得了学生、家长和社会各界的高度认可和良好口碑。这不仅源于学校先进的办学理念和深厚的文化底蕴，更得益于全体教师的敬业奉献，以及每一位家长的真心支持！我衷心希望，我们所有一年级新生家长从一开始就能携手并肩，共同呵护我们的学校，维护学校的荣誉，助力学校的发展。

2. 建立和老师之间的有效沟通

我特别想和家长们强调的一句话是：和学校一起充分调动老师的工作积极性，给予老师们更多的激励与鼓舞、理解与支持、宽容与体谅。让老师心情愉悦地工作，最大的受益者就是我们的孩子。相信大家都有这样的感受：孩子如果喜欢他的老师，就可能喜欢这位老师的课程以及接受他的教导，反之亦然。家长应该给孩子积极的心理暗示，让孩子尊敬、喜欢自己的老师。无论是家长还是老师，都要多换位思考。老师心态平和、心情愉快，会直接感染孩子们。所以，我们每一位家长要竭尽全力维护老师、维护班集体荣誉。

教育的幸福并非在日常的学习和生活中没有困难和问题，而是能勇敢地直面困难和挫折，这样我们解决问题的心态和方法也会有所不同。建立共同的教育理想和价值追求，构建师生间良好的人际关系，营造和谐、包容、相互欣赏的校园人文生态，才能提供有品质的教育。

3. 关注和孩子之间的关系

好的关系胜过许多教育。那么，什么样的关系是好的关系？和孩子之间的好关系不是溺爱、不是依赖、不是包办一切，而是独立与合作。好的关系本身就是好的教育，它胜过许多所谓的其他教育方法。与孩子的关系好，教育就容易成功；与孩子的关系糟，教育就容易失败。

家长的心平气和是孩子成长的最大养分，如果随着自己的情绪好坏来教育孩子，那么孩子就会无所依从。如果我们做家长的能够在任何时候都充满理性地跟孩子进行交流和沟通，那么在这样的氛围中成长起来的孩子就能够心平气和地面对顺境、困难、挫折、失败。我们跟孩子在一起的时候，其实有意无意中已经通过自己的行为传输了我们的人生价值。诚信、责任、感恩、善良……这些品德是教育的核心词。把握这些以后，其他都是衍生出来的枝叶，树根稳固、树枝茁壮，才会有繁茂的树叶。英国教育家洛克在《教育漫谈》中指出："我们幼小时受到的影响，哪怕极小极小，小到无法觉察出来，对日后都有极其深远的作用。教育是一分钟一分钟、一小时一小时、一天一天地耐心地掌握细节的过程。"教育要直抵心灵，不仅仅为解决现有的问题，而是为人一生的幸福奠基。

4. 关注自己的成长提高

教育不仅仅是学校的事情，更是家庭和全社会共同的责任，需要受教育的不仅仅是孩子，更包括家长自己，家长要和孩子共同成长。教育孩子的过程也是家长受教育成长的过程。要改变孩子，先改变自己。想要孩子成为什么样的人，家长就努力去做什么样的人。

孩子为家长带来了再次成长的机会，学做一名好家长是教育孩子的前提。没有一个家长会说"我不爱孩子"，但是并不是所有的父母都懂得什么是正确的爱。爱蕴藏于我们每一位父母的心底，但要把爱贯穿于教育孩子的过程当中，还需要我们不断学习、不断修炼。父母对孩子的影响行胜于言。学校教育很重要，家庭教育更重要。

教育好自己的孩子，是我们重要的事业之一。学校里，老师更多地教给孩子课本知识，而良好的生活习惯、做人的道理、坚强的意志，这些都要靠父母去培养。一个好的老师，或许能够影响孩子三五年，但是家长的影响力却是一辈子的！我们每一位家长，要在家庭教育方面善于学习，并要在实践中有所感悟、不断完善。

教育家苏霍姆林斯基认为，"集体"是一种精神共同体。它不是人员的简单组合，而是相互间的融合，在此基础上形成的不可分割的整体。在这样的集体中，每个人都将找到幸福的所在。希望东北路小学能够成为让每个人都能感受到温暖的集体。作为校长，我深深地希望东北路小学的每一个孩子都能享受良好的教育，东北路小学的每一位教师都能获得自身的发展，东北路小学的每一位家长都能成为我们最好的支持者。

多年来，在学校发展的道路上，我们一步一个脚印地扎实前行。各项工作成果助推了学校健康、科学发展，学校的办学实力和办学质量稳步提高，社会影响力不断扩大、社会美誉度不断提升。

家长朋友们，教育是我们共同的目标和追求，家长相信老师、相信学校，相互理解、共同温暖，才能形成合力！

"做一名智慧的家长，总有一天你会发现，你的坚持回报了你的期许。"各位家长，让我们携手共进，为孩子们的美好未来共同努力！

九、解锁内驱力密码，家长"智引"孩子成长

在孩子的学习之路上，作为家长，您是否常常陷入焦虑与困惑？监督孩子写作业总要三催四请，背英语单词各种不情愿，学习时一会儿分心吃东西、一会儿玩耍，还没深入思考就想逃避难题，尤其双休和寒暑假……这些问题在家庭场景中愈加凸显。因此，唤醒孩子学习的内驱力，让他们从"要我学"转变为"我要学"，是助力孩子学习成长的关键密码。

内驱力，简单来讲，是基于内心需求缺失而催生的一股内在力量，驱动我们行动以填补空缺，如同口渴之人对水的渴望、饥饿之人对食物的向往，促使其寻觅水源与食物。孩子的学习作为高层次需求，建立在生理、安全、归属、尊重等底层需求被满足的基础之上。当这些基础稳固，孩子才有心力向更高层次探索求知。一个生活在温馨和谐的家庭，感受到被爱、被尊重，有归属感的孩子，更易滋生对学习的内在向往，从而主动投身知识海洋。反之，若家庭氛围紧张、亲子关系疏离，孩子内心不安，学习内驱力便如无根之木，难以生长。

奖励与惩罚，是常见的外部驱动力手段。奖励美味零食、出游机会，或是惩罚减少玩耍时间、增加作业量，短期内或许能"立竿见影"，让孩子的行为有所改变。长此以往，一旦奖励撤销、惩罚不再，孩子仿若失去"指挥棒"，瞬间偃旗息鼓。究其缘由，这类外力手段易使孩子误将学习目的扭曲，认为是为获取奖励、规避惩罚，悄然把学习责任转嫁于外物，容易削弱学习的主动性。相较之下，内驱力更能扎根孩子内心，使其视学习为自身之事，主动钻研。攻克难题时收获满满的成就感，使其沉浸其中，乐此不疲，恰似探险家沉醉于未知旅途，每一步探索皆有惊喜。

拆解任务，化难为易：面对复杂学习任务，家长可效仿积木搭建，把宏伟的"知识城堡"构建计划，拆解成一块块小"积木"，即一个个小目标。例如数学难题集，不必要求孩子一次性攻克所有，可划分章节，每日专注解决几道，每完成一小部分，就如同登上一小段山峰，能稍做休憩、积攒力量，再向新高度进发。如此循序渐进，孩子不会被庞大任务吓倒，在稳步前行中提升能力，也在持续收获的成就感里强化内驱力。

守护兴趣，珍视成就感：过多的物质奖励有时像给纯净的泉水混入杂质，会冲淡学习带给孩子的本真乐趣。家长要用心捕捉孩子学习的闪光点，那可能是解出难题瞬间的雀跃、作文里一段优美语句的诞生。珍视这份成就感，给予积极心理暗示，如"你这解题思路太巧妙了，继续保持呀"，滋养孩子内心对学习的热爱火苗，让兴趣持续燃烧，成为内驱力的持久"燃料"。

赋予自主，把控期望：给予孩子自主探索空间，多询问"你打算怎么做"，少强硬灌输"应该怎么做"，允许试错成长。同时，巧妙设定期望，恰似那树上"跳一跳，够得着"的果子，目标既具挑战性又非遥不可及。比如，孩子英语单词背诵薄弱，可先期望其一周记住适量新单词，依能力逐步提升量与难度，孩子在自主掌控与适度挑战中，愈加积极主动，内驱力自然会悄然生长。

真诚夸赞，具体入微：夸赞孩子切不可泛泛而谈，"你真棒"远不及"你今天写作业专注度提高不少，这道难题用的方法很独特，进步太明显啦"。关注生活、学习点滴，具象化表扬让孩子真切感知到努力被看见、被认可，会信心倍增，从而更有动力前行，日积月累，成长为积极向上、全面发展的个体。

在孩子成长的漫漫长路上，家长恰似手握"内驱力"画笔的画师，家庭氛围是底色，用爱与关怀精心调和，亲子关系就会似春日暖阳；巧用方法是线条，勾勒出引导孩子主动探索的路径；真诚夸赞是亮色，点缀其间，熠熠生辉。孩子从最初的被"牵行"，在作业、学业前拖沓不前，到逐步主动"奔跑"，怀揣热情攻克知识堡垒，这是一场需要耐心、智慧与恒心的"绘制"之旅。让我们以爱为墨、以智慧为笔，见证孩子在学习天地里从被动走向主动，一步一个脚印迈向属于他们的未来。

后记

岁月流转，真心依然。这本书即将画上句号，我的内心感慨万千。回顾写作的过程，犹如重走了一遍自己的教育之路。每一个字、每一句话，都是我用心用情梳理出来的。这些年来在教育管理岗位上的点点滴滴，一路走来，有成功的喜悦，也有失败的苦涩；有坚定前行的豪迈，也有陷入困境的迷茫。正是这一切，构成了我丰富而充实的职业生涯。我始终坚信，历史的车轮滚滚向前，势不可挡。无论遇到怎样的艰难险阻，都无法阻挡教育事业蓬勃发展的步伐，无法阻挡东北路小学迈向辉煌的征程，更无法阻挡校园足球一往无前的前进方向。

在整理这些心得的过程中，我不断地梳理自己的教育理念和方法，也对自己的教育之路有了更深刻的思考。希望这本书能成为我与读者之间心灵沟通的桥梁，大家能从书中汲取一些有用的东西，哪怕只是一丝启发，也足以让我感到欣慰，同时衷心感谢给予我支持和鼓励的人，让我有了坚持下去的动力和信心。未来的教育之路还很长，我将继续探索前行，永不停歇。